Sebnitzer Str.
Louisen Str.
Feuer Wache
Katharinen Str.
Böhmische Str.
Alaun Str.
Bautzner Str.
Mart. Luther Platz
Mart. Luther Kirche
Diakonissen Anstalt
Schiller Str.
Radeberger Str.
Soc. Br. Brauerei z. Waldschlößchen
Dampfschiff Station
Albert Platz
Holzhof Gasse
Kgl. Gymn.
Antons
Vogelwiese
Sport Platz
Feldherren Platz
Pfotenhauer Str.
Kgl. Frauenklinik
Burg Hospital
Fiedler Platz
Johannst. Kranken-haus
Trinitatis Friedhof
Carola Haus
Königin Carola Platz
Sachsen Platz
Ziegel Str.
Holbein Pl.
Trinitatis Platz
Blasewitzer Str.
Zöllner Platz
Dürer Platz
Pillnitzer Str.
Striesener Platz
Striesener Str.
Seidnitzer Platz
Elias Str.
Stephanien Platz
Fürsten Platz
Borsberg Str.
Residenz Theater
Ausstellungs Halle
Amalien Platz
Moritz Ring
Grunaer Str.

„Eine wunderbare Stadt, voller Kunst und Geschichte"

Jürgen Helfricht

Traumwege durch das alte Dresden

Husum

Umschlaggestaltung unter Verwendung von Motiven aus dem Buch

Bibliografische Information Der Deutschen Bibliothek

Die Deutsche Bibliothek verzeichnet diese Publikation in der Deutschen Nationalbibliografie; detaillierte bibliografische Daten sind im Internet über http://dnb.ddb.de abrufbar.

Gesamtherstellung: Husum Druck- und Verlagsgesellschaft,
Postfach 1480, D-25804 Husum - www.verlagsgruppe.de

ISBN 978-3-89876-270-0

Inhalt

Dresden

Das alte Dresden war ein romantisches Elbflorenz

Dresden vor seiner infernalischen Zerstörung am 13./14. Februar 1945 musste man gesehen, erlebt haben. Die Großzügigkeit der Brühlschen Terrasse, der einzigartige Blick von den Brücken auf die Silhouette der uralten Stadt beiderseits der Elbe, die prachtvollen Plätze, historischen Gassen und opulenten Sammlungen – alles war eine Reise wert. Sachsens Haupt- und Residenzstadt galt als eine der zauberhaftesten Barockstädte und Kunstmetropolen Europas, als ein Juwel der Weltkultur. Nicht allein Frauenkirche, Residenzschloss oder Zwinger machten den Charme dieser Stadt aus. Dazu gehörten vor allem auch die liebenswürdigen Dresdner, ihre Restaurants, Konditoreien, Cafés, Varietés und Kinos, die legendäre Prager Straße, der Große Garten, Sarrasani, die Elbebäder, die Weiße Flotte, berühmte Naturheil-Sanatorien, Geschäfte, Kaufhäuser, der Kreuzchor und das Königshaus.

Der slawische Ortsname Drezdany (Dorf der Sumpfwald- oder Auenwaldleute) stand Pate für den Namen der Stadt im sorbischen Siedlungsgebiet an der Oberelbe. Als Sitz eines Markgrafen vermutlich vor 1000 Jahren angelegt und 1206 erstmals urkundlich erwähnt, bewahrte Dresden trotz Zerstörungen im Dreißigjährigen und Siebenjährigen Krieg sowie in der Ära Napoleons sein unvergleichliches Flair.

Inspiriert von den kostbaren Sammlungen hatte Dichter-Philosoph Johann Gottfried Herder (1744–1803) der Stadt das Prädikat „Deutsches Florenz“ verliehen. Heinrich von Kleist (1777–1811) war von der „großen, feierlichen Lage, in der Mitte der umkränzenden Elbhöhen“ verzaubert. Karl Friedrich Schinkel (1781–1841) notierte 1803 in sein Tagebuch: „Große Elbbrücke von schöner Konstruktion in einer vortrefflichen Gegend, die ist die einzige Kommunikation der Alt- und Neustadt, daher voller Leben. Man überschaut hier die beiden Teile der Stadt, den Dom mit seiner schönen Kuppel ...“ Und genau einen Monat vor dem Untergang schrieb der greise Literaturnobelpreisträger Gerhart Hauptmann (1862–1946) am 13. Januar 1945 in sein Notizbuch: „Dresden: wie viel Glück hat sich dort vereint.“

Im 18. Jahrhundert prägte ein Mann mit seinen Visionen das Stadtbild: Kurfürst Friedrich August I., genannt der Starke (1670–1733). Der „Herkules Saxonicus“ war auch König von Polen, wurde zum Namensgeber einer ganzen Epoche sächsischer Geschichte, die man „Augustäisches Zeitalter“ nennt. Dresden verdankt dem schöpferisch begabten Monarchen, der sich mit genialen Architekten und Künstlern umgab, Bauwerke wie z. B. Zwinger, Taschenbergpalais, die Neue Königstadt (Neustadt) mit dem Japanischen Palais sowie Schloss Moritzburg und Großsedlitz. Die Stadt verwandelte sich unter ihm zur Residenz von europäischem Rang. Sein tief religiöser Sohn Friedrich August II. (1696–1763) schenkte dem protestantischen Dresden die bis 1751 errichtete Katholische Hofkirche.

Eine zweite Phase der Prosperität begann im ausgehenden 19. Jahrhundert. Da entwickelte und vergrößerte sich Dresden rasant. Eine sich verändernde Arbeitswelt, die Verwaltung und Infrastruktur, das Wohnen, der Konsum und die Kultur schufen zahlreiche Neubauten. In Vororten entstanden Villengebiete und die Gartenstadt Hellerau.

In der ersten Hälfte des 20. Jahrhunderts verschwanden aber auch alte Straßenzüge im Stadtzentrum. Uralte Bürgerhäuser mit zierlichen Erkern in Gotik und Barock mussten der Spitzhacke weichen. Neben Sandstein- wurden Betonbauten wie der Kaufhauskomplex der Firma Gebrüder Alsberg im Geviert zwischen Wilsdruffer Straße, Schlossstraße und Großer Brüdergasse errichtet. 1929 entstand im Auftrag der Sächsischen Staatsbank am Albertplatz das erste Dresdner Hochhaus – ein Stahlbetonskelettbau mit elf Geschossen, 40 Meter hoch.
Auch die romantischen Kutschen und Chaisenträger wurden erst von der Pferdebahn, dann von elektrischen Straßenbahnen, Autos und Omnibussen überholt. Neue Straßen und Brücken, ja sogar Seilbahnen entstanden.
Wer nach Dresden reiste, stieg meist am Hauptbahnhof aus. Daneben gab es noch den Bahnhof Dresden-Neustadt, den Bahnhof Wettinerstraße und den Bahnhof Friedrichstadt. Dresden hatte um 1930 drei Kraftomnibus- und 18 Straßenbahnlinien. Zum Beispiel fuhr die Nummer 1 von Loschwitz nach Plauen.
Die Gottesdienstzeiten für die 48 Evangelisch-Lutherischen Kirchen, die 12 Römisch-Katholischen Kirchen sowie die Griechisch-Katholische Kirche, Englische Kirche, Amerikanische Kirche, Schottische Kirche, Evangelische Gemeinschaft, Bischöfliche Methodistenkirche, Baptistengemeinde, Deutsch-Katholische Gemeinde und Israelitische Religionsgemeinde wurden freitags im „Dresdner Anzeiger“, sonnabends in den „Dresdner Nachrichten“ und in den „Dresdner Neuesten Nachrichten“ abgedruckt. Verstorbener Verwandten konnte man auf 31 Friedhöfen gedenken.
Anschlagsäulen verkündeten überall, was die großen Theater boten: das Staatliche Opernhaus am Theaterplatz, das Staatliche Schauspielhaus an der Ostra-Allee, das Neustädter Schauspielhaus (Alberttheater) am Albertplatz, das Residenztheater an der Zirkusstraße 16, die Komödie Prager Straße 52 und das Zentraltheater Waisenhausstraße 6.
Von den 26 Dresdner Sammlungen und Hauptsehenswürdigkeiten legte der Reiseführer dem Gast besonders die Gemäldegalerie und das Museum für Tier- und Völkerkunde im Zwinger, das Kupferstichkabinett im Museumsgebäude am Zwinger, die Skulpturensammlung im Albertinum, das Landesmuseum für Sächsische Volkskunst an der Asterstraße nahe dem Zirkus Sarrasani, das Stadtmuseum im Neuen Rathaus, das Altertumsmuseum im Palais im Großen Garten, das Hygienemuseum und seine Ausstellungshalle am Zwingerteich sowie das Planetarium Stübelallee ans Herz.
Unter den zahllosen Gaststätten gab es alkoholfreie Speisehäuser an der Johann-Georgen-Allee 16, Wettinerstraße 5, Feldgasse 7, Reitbahnstraße 34 und Winckelmannstraße 4. Mit der „Eintracht“ existierte an der Moritzstraße 14 sogar ein vegetarisches Restaurant.
Jeder Gang durch Dresden begann natürlich auf dem Altmarkt

am alten Rathaus aus dem Jahre 1741 von Johann Christoph Knöffel (1686–1752) und der Kreuzkirche. Neben der Frauenkirche und Rietschels Lutherdenkmal am Neumarkt begeisterten das Dinglingerhaus Jüdenhof/Ecke Sporergasse und das Coselpalais. Zu jeder Dresden-Visite gehörten ein Spaziergang auf der Brühlschen Terrasse mit dem Belvedere, die Besichtigung der Katholischen Hofkirche, des Residenzschlosses, des Zwingers, der Sophienkirche, des Theaterplatzes mit dem Opernhaus. Über die Augustusbrücke führte die Besichtigungs-Tour weiter zum Neustädter Markt mit dem Goldenen Reiter. Am Blockhaus bog man zuerst in die Große Meißner Straße mit den schönen Häuserschauseiten auf der linken Straßenseite ein. Auch auf dieser Elbseite gab es viel zu entdecken. Wer genug Zeit einplante, schritt über die Carolabrücke wieder auf die andere Elbseite, betrachtete das Moritzmonument, lief über den Georgplatz zur Bürgerwiese. Ausstellungspalast, Kugelhaus, Palais im Großen Garten, Zoologischer Garten – alles musste man gesehen haben.
Altes Dresden bedeutete natürlich viel mehr. Es war das harmonische Zusammenspiel der Menschen mit den Bauwerken, der Kultur und der Natur. Erich Kästner (1899–1974), der die Menschen seiner Geburtsstadt so liebte, schrieb uns Dresdnern ins Stammbuch: „Dresden war eine wunderbare Stadt, voller Kunst und Geschichte und trotzdem kein von sechshundertfünfzigtausend Dresdnern zufällig bewohntes Museum. Die Vergangenheit und die Gegenwart lebten miteinander im Einklang. Eigentlich müßte es heißen: im Zweiklang. Und mit der Landschaft zusammen, mit der Elbe, den Brücken, den Hügelhängen, den Wäldern und mit den Gebirgen am Horizont ergab sich sogar ein Dreiklang. Geschichte, Kunst und Natur schwebten über Stadt und Tal ... wie ein von seiner eigenen Harmonie bezauberter Akkord."
Der „ächte Dräsdner" ist auch auf seine für fremde Ohren etwas ungewohnte Muttersprache stolz. War sie doch einmal die Hochsprache in deutschen Landen, gründete sogar Reformator Martin Luther (1483–1546) seine Bibel-Übersetzung auf dem Wortschatz der Volkssprache im sächsisch-thüringischen Lande. So wie sich der Dresdner zu seiner Sprache bekennt, so identifiziert er sich auch mit seinem Viertel, seiner Stadt, deren Kultur, den Prominenten aus Vergangenheit und Gegenwart, mit fast allem, was war und ist. Diese enge Verbundenheit der Menschen mit Sachsens Geschichte, ja sogar dem 1918 untergegangenen Königshaus, ist sicher einzigartig.
In diesem Buch können Sie auf Entdeckungsreise durch das alte Dresden gehen. Sie erleben die Stadt so, wie sie Spaziergänger zwischen 1900 und dem Inferno 1945 sahen.

Dr. Jürgen Helfricht

Oben: Von der Albertbrücke bietet sich dem Betrachter ein Panorama, das von den berühmten Bauwerken der Altstadt bis zu den Rebhängen der Lößnitz (Radebeul) reicht. Im Vordergrund die 500 Meter lange und 1895 nach der sächsischen Königin Carola (1833–1907) benannte Königin-Carola-Brücke, die mit nur zwei Strompfeilern in elegantem Bogen die Elbe überspannt. Es folgt die alte Augustusbrücke von 1737 mit 17 Pfeilern und 16 Bögen. Ihre Fahrbahnlänge beträgt 402 Meter, ihre Kronbreite 11,04 Meter. 1907 wird sie abgebrochen.

Links: Die Romantik des uralten Dresden vermittelt der um 1864 beseitigte Torbogen an der Fischhofgasse. Der Name der Gasse erinnert an hier sesshafte Fischhändler und den Hoffischgarten, in dessen Behältern die für den Fürstenhof angelieferten Fische aufbewahrt wurden. Erst 1840 angelegt, befindet sich die Gasse zwischen dem Dorfplatz des 1411 erstmals erwähnten Fischerdorfes (1550 mit Dresden vereinigt) und der Palmstraße (vorher Hundsgasse). Zu dem nördlich der Annenkirche gelegenen Viertel gehörten auch die Entenpfütze, Rosengasse und Freiberger Gasse.

Oben: Von der hier nicht sichtbaren Marienbrücke (13 Pfeiler, 433 Meter Gesamtlänge), die am 19. April 1852 als kombinierte Brücke für zweigleisigen Eisenbahnverkehr, Fuhrwerks- und Fußgängerbetrieb eröffnet wurde, blicken wir auf das Stadtzentrum mit der Frauenkirche im Hintergrund und der Augustusbrücke im Vordergrund. Nach ihrer kompletten Erneuerung im Jahre 1910 ist die Augustusbrücke 328 Meter lang sowie 18 Meter breit und bietet mit nur neun Bögen der Elbschifffahrt bedeutend mehr Raum. Die erste Steinbrücke an diesem Platz ist bereits 1287 erwähnt und blieb über viele Jahrhunderte die einzige massive Dresdner Flussquerung.

Rechts: Blick über die Augustusbrücke zum historischen Stadtzentrum. Links ist das dreigeschossige, sandsteinverkleidete Landtagsgebäude zu sehen. Auch als Ständehaus bekannt, wurde es in den Jahren 1901/07 von Paul Wallot (1841–1912) errichtet. Rechts daneben folgen als repräsentative Bauwerke Georgentor, Katholische Hofkirche, Sempergalerie und Opernhaus.

Links: Die unvergleichliche Silhouette des barocken Elbflorenz genießen wir im Jahre 1914 von einem Gebäude in der Großen Meißner Straße (Neustadt). Auf der Elbe vor der Augustusbrücke schwimmen Badeanstalten. Der Bildausschnitt reicht von der Kuppel der weltberühmten Frauenkirche bis zum zweiten Opernhaus Sempers von 1878, dessen Bau Sempers ältester Sohn Manfred (1838–1913) leitete. Zu sehen sind auch der Rathausturm und Kreuzkirchturm, der Turm der Katholischen Hofkirche, der Hausmannsturm des Residenzschlosses und der Doppelturm der Evangelisch-Lutherischen Sophienkirche.

Links unten: Über die Augustusbrücke rollt uns der seit 1931 eingesetzte Straßenbahntyp „Großer Hecht" (14,5 Meter lang) entgegen, den Oberingenieur Professor Alfred Bockemühl (1896–1992) entwickelt hatte.

Rechts unten: Die Stadt hat für ihre Bürger und Gäste auch viele grüne Oasen angelegt. So wie hier an der Ringstraße spenden Linden und Platanen Schatten, laden Bänke und Spielplätze zu Erholung und ausgelassenem Treiben ein.

Der Altmarkt – hier pulsiert das Herz der Stadt

Wer in Dresden auf den Pfaden der Geschichte wandeln will, beginnt seinen Spaziergang am Altmarkt. Denn hier war der Kristallisationspunkt der mittelalterlichen Stadt, deren Name erstmals am 31. März 1206 in einer Urkunde Erwähnung fand. Über Jahrhunderte ist dieser Platz der wirtschaftliche und gesellschaftliche Mittelpunkt der Residenz. Bis 1893 wird hier der Wochenmarkt abgehalten. Auch Dresdens berühmter Striezelmarkt, einer der ältesten und traditionsreichsten deutschen Weihnachtsmärkte, hat bis 1911 am Altmarkt seinen Stammplatz. Zu den eindrucksvollsten Bauwerken zählt das 1741 bis 1745 im Barockstil errichtete Rathaus von Johann Christoph Knöffel (1686–1752). Den Stadtvätern der modernen Großstadt genügt es allerdings nicht. Sie lassen 1910 an der Westseite des Marktes das neue Rathaus mit dem 98 Meter hohen Rathausturm entstehen. In der Altmarktmitte stellt man 1880 das Sieges- bzw. Germania-Denkmal von Robert Henze (1827–1906) auf. Es erinnert an den deutschen Sieg im Krieg gegen Frankreich 1870/71 und würdigt die gefallenen Dresdner. Nach 1850 etablieren sich um den Altmarkt Banken, Restaurants und Kaufhäuser wie das „DEFAKA" (Deutsches Familien-Kaufhaus) oder das allerdings schon 1923 wieder geschlossene und als Bürohaus weiterbetriebene „Herzfeld". Besonders beliebt ist das „Kaufhaus Renner". Es hat 1200 Angestellte, 60 Schaufenster, 55 Fachabteilungen, die ersten elektrischen Rolltreppen der Stadt und man kann „auf Nase" (auf Pump) kaufen. Das Konsumparadies wird ständig erweitert, besteht zuletzt aus einem Komplex von 12 verschiedenen Bürgerhäusern. Martin Renner (1864–1939) macht die „Kaufhaus Renner GmbH" mit dem Rennpferd im Firmenzeichen durch groß angelegte Reklame zum führenden Einkaufstempel der Stadt. Feine Torten gibt's in der Café-Konditorei Kreutzkamm am Altmarkt 14. Die Konditoren-Dynastie kann sogar mit dem Titel eines „Königlichen Hoflieferanten" werben.

Als zweitältestes Gotteshaus der Stadt reckt sich am Altmarkt der 94 Meter hohe Turm der Kreuzkirche in den Himmel. Ihren Namen verdankt die Kirche einem Splitter vom Kreuze Jesu, den Constantia Prinzessin von Österreich (1212–1243) ihrem Gemahl Markgraf Heinrich dem Erlauchten (um 1215–um 1288) als Mitgift nach Sachsen brachte. Die heutige Gestalt verleiht der Kreuzkirche 1894/95 Baurat Emil Scherz (1860–1945), der sie im neuklassizistischen Stil umgestaltet. Nachdem am 16. Februar 1897 ein Brand die Kirche bis auf den Turm und die Umfassungsmauern zerstört, gelingt den Architekten Rudolf Schilling (1859–1933) und Julius Graebner (1858–1917) innerhalb von nur drei Jahren der 1,785 Millionen Mark teure Wiederaufbau. Dabei verändern sie das Kircheninnere für 3476 Sitzplätze im Neubarock mit Jugendstilelementen.

Das Zentrum östlich des Altmarktes (im Foto links oben) aus der Vogelperspektive. Südwestlich des Altmarktes erkennt man die uralte Ev.-Luth. Kreuzkirche und den fast 10 000 Quadratmeter großen Gebäudekomplex vom 1910 eingeweihten Neuen Rathaus. Nördlich an den Altmarkt grenzt die sich vom Postplatz bis zum Altmarkt erstreckende Einkaufsmeile Wilsdruffer Straße. Von ihren historischen Bauten sind vor allem das Hotel-Restaurant „Goldener Engel" und die Löwen-Apotheke besonders bekannt. Die Verlängerung der Wilsdruffer Straße bis zum Pirnaischen Platz bildet seit 1885 die König-Johann-Straße. Weiter nördlich ist der von der Frauenkirche (Kuppel im Foto angeschnitten) dominierte Neumarkt zu sehen. Rechts davon der 1885/94 von Constantin Lipsius (1832–1894) entworfene Neubau der Kunstakademie.

Der südöstliche Altmarkt mit den Türmen des Neuen Rathauses und der Kreuzkirche. Rund um die 4,25 Meter hohe Germania aus Carrara-Marmor parken zahlreiche Autos. Robert Henze (1827–1906) schuf die kolossale Figur im Stil des Historismus. Mit dem Banner in der erhobenen rechten Hand stützt sich die Germania mit der Linken auf ihr Schild. Die sie umgebenden vier allegorischen Figuren versinnbildlichen Frieden, Wehrkraft, Wissenschaft und Religion. Eine Legende ist das Kaufhaus Renner. Doch Kauftempel der reichen Dresdner, vieler Ärzte, Anwälte, Beamter und Offiziere, ist das „Deutsche Familien-Kaufhaus" am Altmarkt 7. Deutschlandweit gehören rund 20 Häuser zu dieser Kette.

Links oben: Einen Eindruck vom geschäftigen Treiben auf Altmarkt und Wilsdruffer Straße kurz vor Mittag vermittelt dieses Foto. Der „Große Hecht" der Linie 15 hat gerade die moderne Haltestellen-Anlage mit Fahrkartenverkauf, öffentlichem Fernsprecher im extra Glashäuschen und den Toiletten im Keller passiert. An der Nordwestseite des Altmarktes (links) hebt sich das barocke Rathaus von Johann Christoph Knöffel aus dem Jahre 1745 ab. Dessen Vorgängerbau wird 1295 erstmals erwähnt.

Rechts oben: Die Häuser Altmarkt mit Seestraßen-Mündung/Ecke Webergasse im „Nazi-Schmuck". Immer wieder wird der Platz für propagandistische Aufmärsche genutzt.

Links: Altmarkt 14 und Eckhaus Seestraße 1. Feinste Gebäcke gibt's in der Konditorei Kreutzkamm. Manche schwören sogar, dass der weltberühmte Dresdner Christstollen hier ganz besonders gut schmeckt. Köstliche Eierschecke, Prasselkuchen, Schillerlocken, Dessertschnitten und natürlich die Luisen-Torte werden meisterlich gebacken.

Zauberhafte Kleinode um Frauenkirche und Neumarkt

Ein imposantes Bauwerk erhebt sich über Dresden, fasziniert Besucher aus aller Welt: die Frauenkirche von Ratszimmermeister George Bähr (1666–1738)! Nach 17 Jahren Bauzeit war das für 288 510 Taler errichtete Gotteshaus 1743 vollendet. Die konkave Form der 12 000 Tonnen schweren Kuppel brachte Bährs genialer Schöpfung den Namen „Steinerne Glocke“ ein. Dichterfürst Johann Wolfgang von Goethe (1749–1832) bestieg sie gleich zweimal in seinem Leben. Richard Wagner (1813–1883) komponierte für das in Stein gehauene Wunder im Jahre 1843 „Das Liebesmahl der Apostel“. 1930 erneuerte man erstmals schadhafte Steine an der äußeren Hülle, bis 1942 erfolgte die Generalsanierung.

Zu Füßen der Frauenkirche erstreckt sich mit dem Neumarkt der zweitälteste große Platz der Dresdner Altstadt. Hier findet man alte Häuser mit prächtigen Renaissance-Erkern und Barock-Fassaden mit herrlichen Portalen und wuchtigen Gesimsen. Jedes Haus hat seine Geschichte. Das weiß getünchte Gebäude Neumarkt 3 mit vier Etagen nebst Dachgeschoss gehört beispielsweise der Evangelisch-Lutherischen Kirche. Im Parterre befindet sich eine Filiale von Pfunds Molkerei. Das Milch-Imperium „Dresdner Molkerei Gebrüder Pfund“ mit 14 000 Quadratmeter großem Firmengelände an der Bautzner Straße 14 bezieht Milch aus 200 Gütern, verfügt 1930 über 55 Filialen in Dresden. 60 Verkaufswagen und 85 Austrageburschen sind für Pfund unterwegs.

Wer das barocke Dresden bewundern will, muss die Rampische Straße zwischen Neumarkt und Schießgasse mit ihren traditionsreichen Geschäften und Restaurants besuchen. Viele Fassaden zeigen reich verzierte Fensterachsen. Manche Tür ziert noch ein schmiedeeisernes Oberlicht mit verschlungenen Buchstaben, an anderen haben sich wuchtige Beschläge erhalten. Besucher verweilen auch gern vor dem prachtvollen Haus Frauenstraße 9. Es ist schon deshalb beachtenswert, weil hier der berühmte Goldschmied Johann Melchior Dinglinger (1664–1731) wohnte. Im Oktober 1711 und November 1712 war sogar Zar Peter I. (1672–1725) sein Gast. Im Hof des Dinglingerhauses, das seit langem im Erdgeschoss die Klepperbein-Drogerie beherbergt, findet sich ein reizender Brunnen. Sein Becken in Muschelform mit Delfinen und Putten umrahmt ein schmiedeeisernes Fenster.

Unbedingt sollte man auch das 1764 errichtete Coselpalais an der Frauenkirche gesehen haben. Bauherr Friedrich August von Cosel (1712–1770) war eins von acht legitimierten außerehelichen Kindern des Kurfürsten Friedrich August I., des Starken (1670–1733). Cosels Mutter, Anna Constanze Gräfin von Cosel (1680–1765), war die bekannteste Mätresse von August dem Starken.

Oben: Vom Turm der Kreuzkirche bietet sich 1919 diese faszinierende Sicht auf das Häusermeer rund um den Neumarkt, aus dem die Frauenkirche imposant hervorragt. Rechts davon die Kuppel der Königlichen Kunstakademie. Dahinter, auf der anderen Elbseite am Neustädter Ufer, der 1890/94 entstandene repräsentative Neorenaissance-Bau des sächsischen Finanzministeriums. In der Neustadt sind links neben der Frauenkirche auch der Turm des Neustädter Rathauses und dahinter die Dachanlagen des 1898/01 errichteten Neustädter Bahnhofs zu erkennen.

Links: Der Neumarkt mit der unvergleichlichen Ev.-Luth. Frauenkirche. Kurz nach dem Abriss der alten Stadtmauer 1548 entstanden, ist er linkselbisch der zweitälteste große Platz. Das einzigartige Ensemble aus dem größten protestantischen Kirchenbau nördlich der Alpen (1743 vollendet), Bürgerhäusern, Geschäften und Hotels macht ihn zu einem der schönsten Plätze Europas. Hier pulsiert das Geschäftsleben, bieten Handelsvertretungen, Versicherungen und Kanzleien ihre Dienstleistungen an. In fast jedem dritten Haus wartet ein Ausschank auf Einheimische und Fremde. Die seit 1882 über den Platz fahrende Pferdebahn wurde 1900 durch die „Elektrische" abgelöst.

Zur Christmette erstrahlt das Innere der Frauenkirche in einem Lichtermeer. Der gewaltige Bau mit 4000 Sitzplätzen gliedert sich in das durch einen Kreuzgang geteilte Kirchenschiff, in die 48 Betstübchen im Erd- und Zwischengeschoss, die drei Emporen und den Altarraum. Sieben Portale ermöglichen von allen Seiten den Zu- und Abgang. Vom Hauptportal D aus hat man den besten Gesamtüberblick über die Kirche. Gegenüber steht der prächtige Altar. Bildhauer Johann Christian Feige (1689–1751) vollendete ihn nach einem Entwurf George Bährs. In altchristlicher Symbolik legen sich Ranken von Ähren und Weintrauben, deren Enden von schwebenden Engeln gehalten werden, um die Säulen. In der Mitte wird der auf einem Hügel knieende Heiland im Garten Gethsemane durch einen Engel gestärkt. Über allem schwebt die vergoldete Strahlenglorie mit Seraphimköpfchen und dem Auge Gottes, darunter ein das Kreuz tragender Engel. Eine Dominante der beeindruckenden Innenarchitektur der Kirche ist die Orgel mit drei Manualen und 43 Registern über dem Altar – das 39. Meisterwerk des sächsischen Hof- und Landorgelbauers Gottfried Silbermann (1683–1753). Lange Zeit war sie die größte im Kammerton in ganz Deutschland.

Links: Ein Pferdefuhrwerk rattert vom Neumarkt über das Kopfsteinpflaster der Rampischen Straße Richtung Schießgasse bzw. Zeughausplatz. Der Blick vom Eckhaus Nr. 33 (erbaut im Jahre 1717) durch die Rampische Straße auf die dahinter befindliche Ev.-Luth. Frauenkirche gehört zu den kostbarsten Eindrücken im alten Dresden, ja sogar zu den wertvollsten Raumbildern Europas. Dem Dresden-Besucher bietet sie einen außergewöhnlichen Anblick. Denn dank einer optischen Täuschung scheint die Kuppel der Frauenkirche über den Dächern zu schweben. Die nach dem Dörfchen Ramvoltiz benannte Straße mit ihrem konkaven Schwung ist erstmals 1370 erwähnt (ab 1461 als Gasse) – und eine architektonische Visitenkarte der Stadt von allererstem Rang.

Oben: Wohl aus der Zeit vor 1690 stammend, sind die Häuser Rampische Straße Nr. 7 (links) und Nr. 9 die ältesten Gebäude. Ihre Gurtgesimse und Fensterbekrönungen sowie die Erker und Lisenen zeigen die barocke Pracht Dresdner Bürgerhäuser.

Ganz oben: Die Häuser An der Frauenkirche 2 bis 3 im Zustand des Jahres 1936. Verfall macht sich breit in den Häusern mit kleinen Wohnungen, die „Antons Weinhaus“ mit den „Weinstuben“, ein Schreibwaren- und Postkartengeschäft sowie einen Laden für Herrenmode beherbergen. Rechts gibt die Töpfergasse den Blick frei Richtung Augustusstraße, wo Wilhelm Walther (1826–1913) den Fürstenzug schuf .

Oben: Geschäfts-Reklame prangt an den Häusern An der Frauenkirche 17, 19 und 20. Unter anderem ein Damen- und Herren-Friseur, Uhrmachermeister Emil Lehmann und ein Zigarrengeschäft befinden sich hier.

Rechts: Die Barockfassade des Hauses An der Frauenkirche 20 um 1913. Die Gegend um den Neumarkt hat in dieser Zeit schon manches von ihrem Glanz eingebüßt. Viele der einst hier ansässigen Hofbeamten und Adelsfamilien haben das Viertel verlassen.

Oben links: Das Coselpalais neben der Frauenkirche, ein Stadtpalais mit fünfgeschossigem Hauptbau, zweigeschossigen Seitenflügeln und Ehrenhof, ließ 1762/64 Friedrich August von Cosel (1712–1770) errichten. Er war ein außereheliches Kind Augusts I., des Starken (1670–1733). Cosels Mutter erlitt als Augusts Mätresse ein schlimmes Schicksal. 1713 in Ungnade gefallen, war sie von 1716 bis zu ihrem Tode 1765 Gefangene auf Burg Stolpen.

Oben rechts: Ein historisch bedeutendes Gebäude ist das Haus Frauenstraße 9. Die Aufnahme aus dem Jahre 1912 zeigt die Werbung der „Klepperbein"-Drogerie. Das Haus trägt auch die Bezeichnung „Dinglingerhaus", weil es im Besitz des Hof-Juweliers Johann Melchior Dinglinger (1664–1731) war. Kuriositäten wie Sternwarte, Wetteruhr, Feuerspritze und Brunnen machten es 1712 sogar zu einer Sehenswürdigkeit für Zar Peter I. (1672–1725).

Links: Morbider Charme im Jahre 1936 auch am Gebäudekomplex Neumarkt 12, Frauenstraße 14. Hier haben sich der Renaissance-Erker und das Weinberg-Portal erhalten.

Im Residenzschloss wohnt bis 1918 Sachsens König

Das königlich-sächsische Residenzschloss ist bis 1918 Wohn- und Regierungssitz der Wettiner. 829 Jahre lang, ab 1089, regierte diese Dynastie als Markgrafen, Herzöge, Kurfürsten und Könige im meißnisch-sächsisch-thüringischen Lande. 1289 ist erstmals eine kastellartige Anlage urkundlich erwähnt. Nach Erweiterungen, Um- sowie Ausbauten erhält die Schlossfassade in Richtung Theaterplatz und der angrenzende Bärengartenflügel zwischen 1889 und 1891 durch Hofbaumeister Gustav Dunger (1845–1920) ihr historisches Aussehen. Auf dem Platz des früheren Komödienhauses weiht man anlässlich des im Jahre 1889 gefeierten 800-jährigen Bestehens der Dynastie südlich der Westfassade den Wettin-Obelisk ein. 1907 vollendet Wilhelm Walther (1826–1913) den Fürstenzug an der Nordwand des Stallhofes. Auf dem weltweit größten Porzellanbild aus 25 000 fugenlos in Zementmörtel eingesetzten Porzellankacheln reiten 35 überlebensgroße Sachsen-Herrscher. Im Residenzschloss finden die Audienzen und Festlichkeiten statt. Hier residiert man in der kälteren Jahreszeit, während der Hof ab Mai in die Sommerresidenz Pillnitz umzieht.

König Friedrich August III. (1865–1932) besteigt 1904 als letzter regierender Wettiner den Thron. Während seiner Regentschaft steigt die Bevölkerungszahl im Königreich Sachsen auf fast fünf Millionen an. Des Königs Volkstümlichkeit und Humor sind vielen Dresdnern ein Begriff, weniger seine Menschenkenntnis, seine Pünktlichkeit, seine Religiosität, seine Liebe zur Natur und zur Jagd. Als ihn die Gemahlin nach elf Ehejahren verlässt, später einen Pianisten heiratet, kümmert er sich rührend um die sechs Kinder. Am 9. November 1918 flüchtet Sachsens letzter König aus seinem Schloss und entsagt am 13. November lediglich für seine Person dem Thron. Per Vertrag vom 25. Juni 1925 (Gesetz vom 9. Juli 1924) kommt der Freistaat Sachsen mit dem vormals regierenden Königshaus zu einem friedlichen Ausgleich über Ansprüche, Finanzmittel, Immobilien, Ländereien und tausende Kunstschätze. Bis zu seinem Tode lebt Friedrich August III. auf Schloss Sibyllenort in Schlesien, mit 31 Rittergütern und 23 000 Hektar Land.

Nach der Abdankung des Königs gelangt auch das Residenzschloss in den Besitz des Freistaates. Die Fest- und Paraderäume mit 33 Zimmern im zweiten Geschoss können nun täglich von 10 bis 14 Uhr gegen Eintrittsgeld besichtigt werden. Das Schatzkammermuseum im Grünen Gewölbe ist bereits seit der Fertigstellung 1730 für standesgemäße Besucher zugänglich. Seit der Mitte des 19. Jahrhunderts zieht es Touristen in Scharen an.

1932 wird Dr. jur. Friedrich Christian Markgraf von Meißen, Prinz von Sachsen, Herzog zu Sachsen (1893–1968) Erbe des sächsischen Throns und lässt sich 1936 auf dem Königsweinberg Dresden-Wachwitz ein kleines Schloss mit Hauskapelle errichten.

Oben: Die Westfassade des Residenzschlosses im Jahre 1904 von der Sophienstraße aus gesehen. Anlässlich der 800-Jahr-Feier des Hauses Wettin hatten die Landstände drei Millionen Mark zum Schloss-Umbau gewährt. Dieser erfolgte in den Jahren 1889/1891. Dabei ergänzte man u. a. die Mitte des Westflügels mit einem von Atlanten getragenen Altan und Kunstschmiedearbeiten von historischer Perfektion. Im Erdgeschoss ist die sagenhafte Schatzkammer Grünes Gewölbe mit dem Sächsischen Staatsschatz untergebracht.

Links: Sachsens letzter König Friedrich August III. (vorn 2. v. l.) im Kreise seiner Kinder. Vorn (v. l.): Prinzessin Anna (1903–1976), Prinz Georg (1893–1943), Prinzessin Margarete (1900–1962). Hinten: Prinz Friedrich Christian (1893–1968), Prinzessin Maria Alix (1901–1990) und Prinz Ernst Heinrich (1896–1971). Die Mutter der Kinder, Kronprinzessin Luise von Österreich-Toscana (1870–1947), fehlt auf dem Foto. Sie brennt schon 1902 mit dem Sprachlehrer der Prinzen in die Schweiz durch. Der Skandal, der 1903 mit der Scheidung endet, erregt ganz Europa.

Oben links: Die Schlossstraße in Blickrichtung Georgentor. Schon am Ende des 18. Jahrhunderts war sie eine der breitesten und belebtesten Straßen der Stadt, zählte das Hotel de Pologne, die Hofapotheke, das Wohnhaus der sächsischen Oberhofprediger und das Hotel Stadt Gotha zu ihren traditionsreichsten Gebäuden.

Oben rechts: Straßenszene vor dem Georgentor im Jahre 1902. Beim Schlossumbau hat man das zum Residenzschloss-Komplex zählende Gebäude 1900/01 im Stil der Neorenaissance mit steilem Zeltdach, Türmchen, fünfstufigem Giebel, Rundtürmchen und Reliefschmuck neu gestaltet.

Rechts: Ein Juwel der Renaissance in Dresden ist der zwischen Neumarkt, Augustus- und Schlossstraße gelegene Stallhof. Bis in die Mitte des 18. Jahrhunderts fanden hier zur Vergnügung des Hofes Turniere, Ringelstechen, Hetzjagden und Fuchsprellen statt.

Oben: Der 1896 eingeweihte Wettin-Obelisk vor dem Westflügel des Dresdner Residenzschlosses. Mit Sempergalerie und Opernhaus (auf dem Foto nicht zu sehen) war in Dresden der architektonisch großartige Theaterplatz entstanden, der die ehemalige Rückseite des Schlosses im Westen zur Schaufassade machte. Bis 1893 stockte man auch die Ecktürme auf und versah diese mit barockisierenden Hauben. Der zur Gasse am Taschenberg liegende Südflügel wurde für Verwaltungszwecke gänzlich neu errichtet. Ganz rechts im Bild ist der Übergang zum Taschenbergpalais zu sehen.

Links: Sachsens letzter König Friedrich August III. (1865–1932). Mit 25 Millionen Privatvermögen ist er unter den 1360 sächsischen Millionären der reichste. Auch wenn der König die Musik im Hoftheater nicht besonders mag und den Revolutionär Richard Wagner (1813–1883) gleich gar nicht, schmückt er sich mit ihr. Große Dirigenten, Sänger und Mimen treten auf. 1913 errichtet er gar ein königliches Schauspielhaus. Die Sachsen lieben den König. Weil er sächselt wie sie, weil er sich stets leutselig gibt, weder auf Ehrenpforten noch Girlanden Wert legt und manchmal mit seinen Kindern in gewöhnlichen Restaurants auftaucht. Als 1918 der Krieg verloren ist, meutern Soldaten Anfang November auch in Dresden. Der König behält die Ruhe, verbietet jede Waffenanwendung. Doch dann flieht er am 8. November über Moritzburg ins preußische Schloss Guteborn. Am 13. November dankt Friedrich August III. ab. Dass er „Machd doch eiern Drägg alleene“ gesagt haben soll, ist historisch nicht verbürgt. Nach 829 Jahren ist die Herrschaft des königlichen Hauses Wettin zu Ende. Aus der „Residenz Dresden“ wird eine bürgerliche Landeshauptstadt.

Am Schlossplatz zwischen Katholischer Hofkirche und Ständehaus, wo sich im frühen Mittelalter zwei Handelswege kreuzten, erhebt sich das Georgentor. Das in der Giebelnische befindliche Reiterstandbild Herzog Georgs des Bärtigen (1471–1539) weist auf den Namensgeber hin. Herzog Georg wirkte in der Zeit der nach Martin Luthers (1483–1546) Thesenanschlag von 1517 einsetzenden Reformation und des 1524 bis 1526 währenden Bauernkrieges. Beiden geschichtlichen Ereignissen stand er ablehnend gegenüber. Dafür betrieb der fromme Mann mit viel Diplomatie und Geld die 1524 erfolgte Heiligsprechung des Bischofs Benno von Meißen (1010–1106). Das Georgentor beherbergt im ersten und zweiten Stockwerk die Schlafgemächer des kinderlosen Königs Albert von Sachsen (1828–1902) und seiner Gemahlin Caroline Prinzessin von Wasa (1833–1907) aus dem schwedischen Königshaus. Mit Albert war 1873 ein Feldherr und Militärgenie auf den Sachsen-Thron gelangt, unter dem das Königreich aufblühte und sich vom Agrar- zum Industriestaat entwickelte. Den Sachsen ist er viele Ehrungen wert. Das Ausstellungsgebäude Albertinum, der Alberthafen, die Albertbrücke, der Albertplatz und der Albertpark tragen seinen Namen. Die größte und modernste deutsche Kasernenstadt (360 Hektar für 20 000 Soldaten) am nördlichen Stadtrand Dresdens heißt Albertstadt. Und 1906 stellt man ihm zu Ehren das Reiterstandbild aus Bronze vor dem Georgentor auf.

Von Augusts barockem Zwinger zu Sempers Opernhaus

Kein Dresden-Tourist verzichtet auf einen Besuch des Zwingers, der zu den berühmtesten Bauwerken Sachsens zählt, mit seiner imposanten Größe (rechteckiger Hof, 107 Meter breit, 116 bzw. 204 Meter lang) ein Wunder des Barock ist. 1709 bis 1732 ließ Friedrich August I., der Starke (1670–1733), diesen Prachtbau aus Sandstein der Sächsischen Schweiz von dem Architekten Matthäus Daniel Pöppelmann (1662–1736) und dem Bildhauer Balthasar Permoser (1651–1732) errichten. Auf den Kurfürsten, Polen-König und Reichsvikar August den Starken als Bauherren deuten u. a. der die Weltkugel haltende Herkules Saxonicus auf dem Wallpavillon, die polnischen Adler nebst Königskrone auf dem Kronentor sowie die doppelköpfigen kaiserlichen Adler auf zwei Pavillons hin. An dem reich mit Wasserspielen ausgestatteten Zwinger kann man auch rund 600 Plastiken wie heitere Satyre und Faune, Putten, Götter und Helden von außergewöhnlicher Meisterschaft bewundern. Erst 1847 bis 1855 schloss Gottfried Semper (1803–1879) die Elbseite durch den Museumsbau ab. Nach unglücklichen Eingriffen im 19. Jahrhundert ist 1924 bis 1936 die vierte Restaurierung der Barock-Anlage notwendig. Außerdem erhält der Zwinger im Jahre 1929 mit der Ausbaggerung des 1812 zugeschütteten Stadtgrabens einen Teil seiner einzigartigen Lage zurück, wird die Innenfläche als Gartenanlage mit vier Wasserbecken gestaltet. Durch das Portal des Semperbaues verlassen wir den Zwinger Richtung Elbe und erblicken einen imposanten Opernbau. Gottfried Semper schuf 1838/41 das neue Hoftheater für musikalische Aufführungen und Schauspiel, das wegen seiner ausgewogenen Proportionen als schönstes Theater der Welt gilt. Hier ist die Wirkungsstätte von Richard Wagner (1813–1883), der mit „Rienzi" (Uraufführung 20. 10. 1842) und dem „Fliegenden Holländer" (Uraufführung 2. 1. 1843) rauschende Erfolge feiert. Durch Fahrlässigkeit war die Oper am 29. September 1869 bis auf die Grundmauern abgebrannt. Doch Sempers ältester Sohn Manfred (1838–1913) baut sie bis 1878 im Stil der italienischen Hochrenaissance (82 Meter lang, 78 Meter breit, Bühnenhaus 42 Meter hoch) wieder auf. Im Zuschauerraum mit fünf Rängen gibt es 1468 Sitz- und 100 Stehplätze. Proszeniumsbild und Bilder des Deckenplafonds sind Arbeiten von James Marshall (1838–1902). Den Schmuckvorhang entwirft Ferdinand von Keller (1842–1922). Hofmechaniker Johann Friedrich Gutkäs (1785–1845) konstruiert als eine Art digitalen Vorläufer die Fünfminuten-Uhr. Unter den Dirigenten Ernst Edler von Schuch (1846–1914), Fritz Busch (1890–1951) und Karl Böhm (1894–1981) erlebt die Dresdner Oper bis 1942 ihre legendäre Glanzzeit. Hat doch auch ein Aristokrat unter den Orchestern Europas hier sein Domizil. Richard Strauss (1864–1949) nennt die 1548 als Dresdner Hofkapelle gegründete Sächsische Staatskapelle eine „Wunderharfe".

Oben: Blick in den rechteckigen Zwingerhof (107 Meter Breite, 116 bzw. 204 Meter Länge) Richtung Glockenpavillon und Ev.-Luth. Sophienkirche um 1936. Bei der vierten Restaurierung des Zwingers 1924 bis 1936 stellt man den Hof nicht nach den strengen Stilvorschriften des Barock her. Man legt lediglich Wasseranlagen mit Springbrunnen und Rasenparterres an. Wegen der übermächtig profilierten Beckenwangen aus Sandstein können sich die Bauten nicht mehr im Wasser spiegeln. Die Bänke und Laternen empfinden viele Dresdner als plump und raumfremd.

Rechts: Das Kronentor mit den Langgalerien und der hölzernen Grabenbrücke über dem 1928 wieder ausgehobenen Zwingergraben um 1936. Ursprünglich als Herkulestor geplant, ist das Kronentor antiken Triumphtoren nachempfunden. Das unvergleichliche Barock-Kunstwerk aus Sandstein verfügt über mit Köpfen und Wappen verzierte Schlusssteine, sächsisch-polnische Wappen, Namenszug und Krone in Richtung Hof und Graben. Auf der Attika drängt sich der Schmuck von zwölf lebensgroßen Figuren und Vasen. Alles wird bekrönt von der kupferbedeckten zwiebelförmigen Kuppel mit den vier kupfergetriebenen polnischen Adlern unter der Krone Polens. Unübersehbar ragen die zwei seitlichen Treppentürme der Sophienkirche gen Himmel. Die filigran durchbrochenen Turmspitzen von je 66,22 Meter Höhe hat man erst 1932 durch kupfergedeckte Helme ersetzt.

Oben links: Der Zwingerhof um 1900. Entlang der Wege stehen Orangenbäumchen in Kübeln, die man im Winter in der Orangerie des Herzogin Gartens unterbringt. Seit 1843 befindet sich das Denkmal für König Friedrich August I. (1750–1827) von Ernst Rietschel (1804–1861) in der Mittelachse vor dem Wallpavillon. Es steht hier bis 1928. Im Jahre 1876 bepflanzte Hofgartendirektor C. F. Krause erstmals den Zwingerhof mit Rosen und Clematis.

Oben rechts: Damen flanieren auf dem zugeschütteten Zwingergraben vor dem Kronentor. Nach 1812 war Dresden als Festung aufgegeben worden. In diesem Zusammenhang erfolgte auch die Beseitigung des Grabens vor dem Kronentor und den Langgalerien an der Ostra-Allee. Die von Schlängelwegen durchzogenen Boskette sind eine Erfindung des Biedermeier.

Links: Zwinger vom Kronentor mit Blick auf das nach Plänen von Gottfried Semper (1803–1879) in den Jahren 1847–1855 errichtete Galeriegebäude. Mit dieser vierten Zwingerseite findet das einzigartige Ensemble seinen würdigen Abschluss zur Elbe hin. Die Länge der Galerie beträgt 127,35 Meter bei einer Höhe von 23,77 Metern.

Oben: Die am 2. Februar 1878 eingeweihte zweite Semperoper. Der Vorgängerbau an gleicher Stelle war 1869 durch Fahrlässigkeit abgebrannt. Das „schönste Theater der Welt" wird durch die bronzene Pantherquadriga mit Dionysos und Ariadne von Johannes Schilling (1828–1910) bekrönt. Figuren Goethes und Schillers sowie von Shakespeare, Molière, Sophokles und Euripides zieren die Vorderfront. In der Platzmitte davor schuf 1889 Johannes Schilling das bronzene Reiterstandbild König Johanns (1801–1873). Der 1854 auf den Sachsen-Thron gelangte Johann war Regent und Gelehrter zugleich. Er beherrschte sechs Sprachen, ging als Denker, Sozialreformer und Dichter in die Geschichte ein.

Rechts: Blick auf den Theaterplatz, der während der Bauarbeiten des Königlichen Hoftheaters durch Gottfried Semper im Jahre 1840 seinen Namen erhielt. Rechts neben der Semperoper an der Elbseite das große luxuriöse Hotel Bellevue. Es ist durch seine faszinierende Lage mit Garten und Elbterrasse (6000 Quadratmeter Terrain) besonders bei den Gästen des Opernhauses beliebt. Im Hintergrund der Turm des Fernheizwerkes (seit 1901 in Betrieb).

Schlendern und Genießen auf dem Balkon Europas

Was wäre ein Rundgang durch Elbflorenz ohne Abstecher zum Balkon Europas? So nennt der Dresdner die berühmte Brühlsche Terrasse, die ihren Namen dem königlich-polnischen und kurfürstlich-sächsischen Premierminister Heinrich Graf von Brühl (1700–1763) verdankt. Von der beliebten Flaniermeile hat man reizvolle Ausblicke über die Stadt und ihre Umgebung. Das rund 500 Meter lange, bis zu 10 Meter hohe und zwischen 20 und 200 Meter breite Areal liegt direkt über den Anlegestellen der Ausflugsdampfer. Einst war es Teil der Festung. Zwischen 1739 und 1748 schenkte Kurfürst Friedrich August II. (1696–1763) den elbseitigen Festungsteil seinem Premier Brühl, der hier prächtige Bauten (Palais Brühl, Brühlsche Bibliothek, Brühlsche Galerie, zweites Belvedere, Brühlscher Garten) errichten ließ. 1814 verfügte der russische Gouverneur Nikolai Grigorjewitsch Fürst von Repnin-Wolkonski (1778–1845) den Bau der großen Freitreppe zum Schlossplatz und machte die Terrasse der Öffentlichkeit zugänglich. Alle Brühlschen Gebäude, sogar das erst 1843 im Brühlschen Garten entstandene Café Reale, müssen nach und nach weichen: der 1885/94 erbauten Kunstakademie mit Ausstellungsgebäude von Constantin Lipsius (1832–1894), der 1897 gebauten Sekundogenitur (Besitz des zweitgeborenen Prinzen) und dem Ständehaus, in dem sich der Landtag versammelt. Das alte Zeughaus wird 1884/87 zum Albertinum umgebaut. Nicht nur zum Flanieren und Schlendern lädt die Brühlsche Terrasse ein. Hochgenuss für Körper und Geist gibt es im Belvedere, Brühlscher Garten 1. Dieser prächtige Pavillon, der vierte seiner Art an gleicher Stelle, wird 1842 durch Otto von Wolframsdorf (1803–1849) erbaut. In den Sälen und auf der Terrasse kann man trefflich tafeln, sich unterhalten, Konzerte und Revuen besuchen. Die Dresdner Spitzenstepptänzerin Dagmar Viola tritt hier ebenso auf wie die Volkshumoristen Kurt Bergen und Paul Biebrich, Parodistin Leny Engelhardt, Bauchredner Max Förster oder Chansonette Gretl Mareno. Meisterhumorist Hermann Mestrum verzaubert genauso wie die Jodler-Königinnen Edith Schneider und Sophie Wagner. Frühstückszimmer, Café, Speisesäle, Lesekabinett, Spiel- und Billardzimmer laden viele arrivierte Dresdner Vereine zum geselligen Beisammensein ein.

Vom Belvedere aus sieht man auch die an der östlichen Seite der Brühlschen Terrasse von Gottfried Semper für 304 004 Taler erbaute und am 8. Mai 1840 geweihte Synagoge. Sie bietet 300 Männern sowie 200 Frauen und seit 1935 durch einen Anbau noch 150 weiteren Gläubigen Platz. In der Nacht vom 9. zum 10. November 1938 wird der Bau ein Opfer der antijüdischen Exzesse. Die Brandruine muss die jüdische Gemeinde auf eigene Kosten unverzüglich beseitigen. Ab 1942 ist Dresdens Juden sogar das Betreten der Brühlschen Terrasse unter Androhung der Todesstrafe verboten.

Die Brühlsche Terrasse, von den Dresdnern auch „Balkon Europas" genannt, mit der Dampferanlegestelle an der Elbe. Dem Albertinum links schließt sich das Gebäude der Kunstakademie an. Der zweigeschossige Akademiebau verfügt über eine opulent durch Pilaster, korinthische Doppelsäulen und Skulpturen gegliederte Fassade. Die gefaltete Glaskuppel mit dem vergoldeten Engel wird scherzhaft als „Zitronenpresse" bezeichnet. Rechts neben dem Durchgang zur Münzgasse erhebt sich die Sekundogenitur, hinter der sich die Kuppel der Frauenkirche emporreckt. An den Anlegestellen der Sächsisch-Böhmischen Dampfschifffahrtsgesellschaft (SBDG) liegen zwei Schiffe. Alle Personendampfer haben seit 1928 einen glatten weißen Anstrich, der ihnen den Namen „Weiße Flotte" gibt (vorher grün-weiß bzw. gelb). Bei der SBDG verfügt man über zwei Luxus-, zwei Salon-, 13 Oberdeck- und neun Personendampfer ohne Oberdeck. Daneben gibt es noch ein Motorboot. Von Elbflorenz kann man 322 Kilometer auf der Elbe schippern–119 Kilometer von Dresden nach Leitmeritz und elbabwärts 203 Kilometer bis nach Dessau. Die Schiffe verfügen über elektrisches Licht, Kühlanlagen, Radio sowie schöne helle Speiseräume. Ob „Herrnskretschen", „Lössnitz", „Mühlberg", „Diesbar", „Meißen", „Pillnitz", „Lobositz", „Bad Schandau", „Leitmeritz", „Salesel", „Aussig", „Bastei", „Bodenbach", „Schmilka", „Riesa" – es ist ein Vergnügen, wenn man sie an der wunderschönen Silhouette der Altstadt vorbeidampfen sieht.

Oben: Sicht auf Terrassenufer sowie Brühlsche Terrasse mit Sekundogenitur und Ständehaus. Im Hintergrund die 86 Meter hohe Katholische Hofkirche – Sachsens größtes katholisches und durch 78 überlebensgroße Heiligenfiguren wohl auch prunkvollstes Gotteshaus. Friedrich August II. (1696–1763), Sohn Augusts des Starken, beauftragte 1738 den römischen Architekten Gaetano Chiaveri (1689–1770) mit dem Bau (Weihe 1751). Chiaveri verpflichtete viele Kunsthandwerker aus seiner Heimat, die auf dem Platz vor der Baustelle lebten. Daran erinnert der Name „Italienisches Dörfchen“.

Links: Blick von einer Treppenanlage der Brühlschen Terrasse auf die östliche Front des Ausstellungsgebäudes der Kunstakademie. Seit 1895 hat in dem monumentalen Neorenaissance-Bau der 1828 gegründete Sächsische Kunstverein zu Dresden seinen Sitz. Bildhauer Robert Henze (1827–1906) entwarf die fünf Meter hohe, in Kupfer getriebene und vergoldete Nike auf der Glaskuppel.

Oben: Das 1842 errichtete Belvedere von Otto von Wolframsdorf (1803–1849) auf der Brühlschen Terrasse. Auf der alten Festungsmauer am Fuß der Nordostecke der Brühlschen Terrasse befindet sich das um 1555 von Hans Walther II. (1526–1586) geschaffene Moritz-Monument. Sechs Meter hoch und drei Meter breit zeigt es den Kurfürsten Moritz von Sachsen (1521–1553), der seinem Bruder August (1526–1586) das Kurschwert übergibt. Auch die Frauen der beiden Sachsenherrscher sind bei dieser fiktiven Szene dabei. Moritz war 1553 der wichtigste deutsche Fürst, der zukünftige König. Doch bei einem eher unbedeutenden Scharmützel – der Schlacht von Sievershausen bei Hannover – traf ihn eine tödliche Kugel im Rücken.

Rechts: Über die große Freitreppe mit ihren 41 Stufen (14 Meter breit) gelangt man seit 1814 vom Schlossplatz zur Brühlschen Terrasse hinauf. Die Skulpturengruppen „Vier Tageszeiten“ schuf 1863/68 Johannes Schilling (1828–1910). Seit 1908 sind die Sandsteinfiguren durch Bronzeabgüsse ersetzt. Rechts sind Teile des Ständehauses und der Sekundogenitur zu sehen.

Wo hinter alten Schulmauern der Kreuzchor erklingt

Dresdens ältestes und berühmtestes Gymnasium, die Kreuzschule, findet man am Georgplatz. Nebenan sind 9. und 16. Volksschule, gegenüber steht das mächtige Gebäude der Reichsbank. Wer hier die Schulbank drückt, atmet täglich den Hauch großer Geschichte ein. Männer, die man in jedem Lexikon findet, haben sich an diesem Ort auf das Leben vorbereitet: der Held der Freiheitskriege Theodor Körner (1791–1813), der Vater des deutschen Männerchorliedes Ernst Julius Otto (1804–1877), Komponisten-Genie Richard Wagner (1813–1883) oder der bekannte Historiker Heinrich von Treitschke (1834–1896). Der 1866 eingeweihte neugotische Bau mit dem Denkmal Theodor Körners davor ist imposant. Er ersetzt die alte Kreuzschule, die seit 1493 direkt neben der Kreuzkirche stand. In den dunklen, hohen Fluren des Gemäuers hallen die Schritte wie in einem Gruselschloss. Größter Raum ist die Aula. Die besondere Aura dieses Saales entsteht durch die Historien-Fresken von Professor Anton Dietrich (1833–1904). In altmeisterlicher Manier hat er ausgedrückt, worin die Aufgabe des deutschen Gymnasiums besteht: die Kräfte des Willens und die Einsicht seiner Schüler zu Humanität zu entwickeln. Durch die erhabenen Beispiele der Geschichte sollen sie zur Menschenliebe erzogen und durch Bekanntschaft mit den heiligen Schriften, mit Dichtern, Rednern und Geschichtsschreibern zu den höchsten und schönsten Wipfeln der Wissenschaften getrieben werden. Die Lehrer sollen dem Schüler die Liebe zum Guten, Wahren und Schönen einpflanzen. „Liebe zu Gott", „Liebe zur Wahrheit", „Liebe zum Vaterland und geistigen Mut" – solche Themen versinnbildlichen die Gemälde.

Vor allem ist die Schule Ausbildungsstätte und Lebensmittelpunkt des Kreuzchores. So alt wie Dresden, erlebt der seit 1. Juli 1930 von Rudolf Mauersberger (1889–1971) geleitete Chor eine nie vorher gekannte Blütezeit. Die Knaben und jungen Männer in den dunklen Konzertanzügen und den leuchtend blauen Mützen feiern weltweit triumphale Erfolge. 1935 beginnt ihr Siegeszug durch die Vereinigten Staaten, der dem Chor das Prädikat „weltberühmt" verleiht. In Detroit sitzt sogar Milliardär Henry Ford (1863–1947) in seiner Privat-Loge in der Orchestra Hall, lauscht den Knaben und lädt sie in seine Autofabrik ein.

Die Tradition der Kruzianer geht auf den Chor- und Altardienst der mittelalterlichen Kreuzkirche zurück. Begabte arme Knaben bestritten einst mit den täglichen Lobgesängen vor den Altären ihren Lebensunterhalt. Diese musikalische Dienstleistung öffnete ihnen den Weg zu Bildung, Wissen, zum Universitätsstudium. Den Gottesdiensten und musikalisch gestalteten Vespern gehört auch im 20. Jahrhundert das Hauptaugenmerk des Chores. Wie vor Jahrhunderten klingt der reine A-capella-Stil des Kreuzchores, durchsichtig und hell, Engelsgesang gleich, in der altehrwürdigen Kreuzkirche am Altmarkt oder hinter den Schulmauern.

Das am 1. Mai 1866 eingeweihte neue Kreuzschulgebäude am Georgplatz mit dem Denkmal des Kreuzschülers und Helden der Freiheitskriege Theodor Körner (1791–1813). Der Dichter und Patriot fiel im Alter von 21 Jahren als Kämpfer des Lützower Freikorps. Bis zu 622 Schüler besuchen das berühmte Gymnasium zum Heiligen Kreuz, darunter die Knaben und Männer des Dresdner Kreuzchores. Über 30 Lehrer gehören dem Kollegium an. Zum Abschluss des 19. Jahrhunderts wird der Schule noch ein Erweiterungsbau angefügt, der moderne Kabinette für den naturwissenschaftlichen Unterricht und eine Turnhalle besitzt. Wegen des Ersten Weltkrieges um zehn Jahre verspätet, feiern Kreuzschule und Chor im Jahre 1926 ihr 700-jähriges Jubiläum. Prägend für den Kreuzchor im 20. Jahrhundert ist Prof. Rudolf Mauersberger (1889–1971), der am 1. Juli 1930 als 25. evangelischer Kreuzkantor seinen Dienst antritt.

Oben links: Der Kreuzchor bricht am 13. März 1935 zu seiner ersten Interkontinentalreise in die USA auf, die ihm das Prädikat „weltberühmt“ verschafft. Schon einen Tag später dampft der Chor an Bord der „Stuttgart“ von Bremerhaven aus nach Amerika. Zwölf Tage danach trifft er in New York ein, wo im Metropolitan Opera House der musikalische Siegeszug durch die Vereinigten Staaten beginnt. Dresden bereitet den Weitgereisten am 6. Mai einen rauschenden Empfang.

Oben rechts: Mit Kantor Prof. Rudolf Mauersberger posiert der Chor in den dunklen Konzertanzügen und den leuchtend blauen Mützen vor der Goldenen Pforte des Dresdner Rathauses.

Links: Kruzianer feiern Heiligabend des Jahres 1944 in der Aula des Kreuz-Gymnasiums. An die Erzgebirgsheimat ihres Kantors erinnern die Lichterengel, Räuchermännel, Nussknacker, Schwibbögen und Pyramiden.

Am Hauptbahnhof trifft die Welt in der Residenz ein

Für viele Dresden-Besucher ist der nach fünf Jahren Bauzeit am 16. April 1897 seiner Zweckbestimmung übergebene Hauptbahnhof das Eingangstor zur Haupt- und Residenzstadt Sachsens. Den Reisenden empfängt eine monumentale Halle mit 25 Meter hoher Glaskuppel. Angesichts reich verzierter Decken und Wände des lichtdurchfluteten Raumes glaubt man sich eher in einen Dom als in eine Bahnhofshalle versetzt. Eindrucksvoll ist auch die Renaissanceformen nachempfundene Fassadengestaltung mit dem großen Rundbogenfenster, den Uhrtürmen mit Zinnen und dem Rundbogen des Mittelbaus mit der Figurengruppe der Saxonia. Am Wiener Platz existiert extra ein Königspavillon. Er bietet Sachsens Königsfamilie und ihren Gästen einen prunkvollen Empfangs- und Aufenthaltsraum mit separatem Zugang zum Bahnhof.

Luxuriös sind selbst die Restaurants ausgestattet, die der Reiseführer wie folgt beschreibt: „Die Hauptbahnhofswirtschaft zu Dresden ist dem Stil der alten Kulturstadt angepaßt. Im Wartesaal I. Klasse fallen vor allen Dingen kostbare Wandgemälde aus Meißner Porzellan auf, Wendeltreppen führen von hier aus zu dem Saal Pirna auf der einen Seite, dessen ausgebaute Balkone einen Ausblick auf das Menschengewühl in der Kuppelhalle gestatten; auf der anderen Seite zu dem Saal Moritzburg, dessen Wände seltene Jagdtrophäen schmücken. Neben dem geräumigen Wartesaal III. Klasse liegt der ganz in Weiß gehaltene Saal Weesenstein und der von Vereinen sehr gesuchte Saal Meißen. Ein am Querbahnsteig gelegenes intimes Kaffeezimmer erfreut sich der größten Beliebtheit ... und rechts und links vom Haupteingang liegen der gemütliche Bahnhofskeller und die Tunnelschänke ...“

Die Großstadt leistet sich eben einen großzügigen Bau: Allein die drei Bahnsteighallen mit den Empfangsgebäuden bedecken eine Fläche von 32 700 Quadratmetern. Die Personen-Züge rollen auf zwölf Gleisen ein. Sechs ebenerdig verlaufende Kopfgleise in der Mittelhalle nehmen die in Dresden beginnenden oder endenden Züge aus Chemnitz, Leipzig, Görlitz, Tharandt oder Dresden-Neustadt auf. Die 4,5 Meter höher liegenden Gleise sind für den Durchgangsverkehr in Richtung Bodenbach, Prag, Wien bzw. Leipzig und Berlin bestimmt. Die kreuzungsfreie Höherlegung der Gleise erweist sich als so günstig, dass sie für weite Teile des Dresdner Stadtgebietes übernommen wird. Zwischen Strehlen und Pieschen verkehren die Züge mittlerweile als viergleisige Hochbahn.

Seit den dreißiger Jahren rollen die Reisenden mit immer stärkeren und schnelleren Lokomotiven an. „Fliegende Züge“ nennt man die modernsten Errungenschaften der Technik. Als ein Wunder gilt der Henschel-Wegmann-Zug mit seiner Stromlinien-Lok, der die Strecke zwischen Dresden und der Reichshauptstadt Berlin in 100 Minuten bewältigt.

Oben: Der Hauptbahnhof mit wartenden Straßenbahnen und Bussen. Mit drei Bahnsteighallen und 18 Bahnsteigen ist er der größte Bahnhof der Residenz- und Landeshauptstadt. In der Fachsprache ist er ein kombinierter Durchgangs- und Kopfbahnhof. 1950 Tonnen Stahl verbauten die Architekten Ernst Diese (1832–1903), Paul Weidner (1843–1899) und Arwed Rossbach (1844–1902) in die Hallenkonstruktion, welche Motive der italienischen Renaissance, Jugendstilelemente und Barockmotive vereint. Den Haupteingang an der Ostseite Prager Straße schmückt die Monumentalfigurengruppe „Saxonia“ mit den Allegorien der Wissenschaft und Technik. Zwei Uhrtürme flankieren die Fassade. Am 16. April 1897 wurde der Hauptbahnhof mit der Einfahrt des Nachtschnellzuges aus Bodenbach feierlich eingeweiht.

Links: Dresdens Hauptbahnhof mit Direktverbindungen nach Bodenbach, Prag und Wien (in östlicher Richtung) und nach Berlin, Leipzig, Görlitz, Breslau, Chemnitz, München (in westlicher Richtung) trennt die Seevorstadt mit der Prager Straße von der Südvorstadt. Die Weiterführung der Prager Straße gen Süden heißt Reichsstraße, führt an der Technischen Hochschule vorbei.

Oben: Der früher namenlose Bahnhofsvorplatz nördlich des Hauptbahnhofes heißt seit 1903 Wiener Platz. Er erstreckt sich von der Carolastraße über die Reitbahnstraße bis zur Lüttichaustraße, ist einerseits von der schmuckvollen Bahnhofs-Fassade, andererseits von Villen, Geschäftshäusern und Hotels wie dem Central Hotel und dem Hotel Monopol umsäumt. In Verlängerung des Wiener Platzes, von der Lüttichaustraße aus ostwärts bis zum Basteiplatz, folgt seit 1858 die Wiener Straße. Sie bringt uns ins Englische Viertel. In dieser vornehmsten Dresdner Wohngegend ließen sich Engländer 1868/69 sogar eine eigene Kirche bauen.

Rechts: Vom Eckhaus Prager Straße aus bietet sich um 1936 dieser Blick auf den Wiener Platz mit dem Hauptbahnhof.

Dresdens Nobelmeile Prager Straße muss man sehen

1851 entstanden, erhält Dresdens geschäfts-, vergnügungs- und verkehrsreichste Magistrale ihren Namen nach der böhmischen Residenz, die man seit der Mitte des 19. Jahrhunderts mittels der Sächsisch-Böhmischen Staatseisenbahn erreichen kann. Die Bürgersteige der 17 Meter breiten Prager Straße können die Menschenmassen mitunter nicht fassen. Deshalb bahnen sich Dresdner und Fremde ihren Weg zwischen Autos, Straßenbahnen, Zweispännern, Droschken und Radfahrern. Schon 1900 war beschlossen worden, dass die Häuser 22 Meter hoch gebaut werden dürfen. Deshalb haben die Wohn- und Geschäftshäuser alle ein Erdgeschoss und vier Etagen. Unten sind meist Geschäfte und Gaststätten eingerichtet. Das darüberliegende Stockwerk ist häufig Firmenniederlassungen vorbehalten. In der zweiten und dritten Etage mit großen und komfortablen Wohnungen leben gut betuchte Dresdner. Darunter Kaufleute, Rechtsanwälte, Offiziere, Apotheker, Ärzte. Viele haben ihre Kanzleien und Praxen gleich im Haus. 42 Ärzte, 17 Zahnärzte, 23 Rechtsanwälte und 18 Kaufleute wohnen an der Prager Straße. Die winzigen, viel preiswerteren Wohnungen in der vierten Etage sind an Hausmänner, Schneider, Schriftmaler, Putzmacherinnen und Arbeiter vermietet.

Kaum ein Besucher versäumt es, auf der berühmten Einkaufsmeile zu flanieren. Hier reihen sich die Geschäfte, Restaurants, Kinos, Theater und Varietés nur so aneinander. Prachtvoll geschmückte Schaufenster exklusiver Geschäfte laden bis in den späten Abend zum Bummeln, zum Verweilen und Träumen ein. Auf der Prager genießt man die sächsische Kaffeehauskultur, gibt's die einzigartigen sächsischen Back- und Konditoreiwaren in so bekannten Cafés wie Hülfert, Limberg oder der Konditorei Rumpelmayer.

Beginnend an der Waisenhausstraße tragen die Häuser der linken die ungeraden, die der rechten Seite die geraden Hausnummern. Links kommt zuerst das „Residenzkaufhaus", dann das Möbelgeschäft der „Deutschen Werkstätten Hellerau". Es folgen der Kunstsalon von Emil Richter, die Verkaufsstelle von „Singer-Nähmaschinen", der Laden der „Sächsischen Porzellanfabrik" von Carl Thieme, das Filmtheater „Capitol". In der Nummer 35 verkaufen „Müller & C.W. Carl Thiel" Qualitätswäsche. An der Ecke Prager/Sidonien- und Christianstraße steht das noble Hotel „Europäischer Hof" mit dem „Café Rumpelmayer". Vorbei geht es am Kaufhaus von Heinrich Esders. Drei Häuser weiter ist der Eingang zum Zentraltheater und dem Unterwelt-Kino „Universum". Die „Konditorei Limberg" lädt an der Ecke zur Trompeterstraße ein. Das Gebäude der Landwirtschaftlichen Feuerversicherungsgesellschaft mit dem „Kaiser-Café", das „Viktoriahaus", das Hotel „Windsor", das Lichtspieltheater „Prinzeß" oder die Kleinkunstbühne „Barberina", die „Komödie", das Hotel „Eden" – alles muss man gesehen haben.

Oben: Die mondäne Prager Straße, Blickrichtung Hauptbahnhof. Sie ist die dominierende Geschäfts- und Flaniermeile, die vergnügungs- und verkehrsreichste Straße der Landeshauptstadt. Hier fahren die Straßenbahnlinien 1, 5, 11, 14 und 16, drängt sich in Spitzenzeiten Auto an Auto, quälen sich Fahrräder, Pferdedroschken, Fuhrwerke und Kraftomnibusse hindurch. Oft können die Bürgersteige die Menschenmassen kaum fassen, die zwischen Waisenhausstraße und Wiener Platz an den Schaufenstern entlangpilgern. Beiderseits der nur 17 Meter breiten Straße findet man ja auch die größte Auswahl an Geschäften aller Art in Dresden. Daneben feine Hotels, gemütliche Restaurants, verführerische Cafés, bekannte Kinos, Theater und Varietés.

Rechts: Das Residenzkaufhaus, kurz „ReKa" genannt, im festlichen Lichterschmuck zur Weihnachtszeit. Der 1912 an der Ecke Prager Straße/Waisenhausstraße von dem Leipziger Architekten Karl Hänsel und dem Dresdner Baukonstrukteur Benno Löser (1878–1944) errichtete und 1925 erweiterte Kauftempel aus Glas und Beton ist das erste bedeutende Kaufhaus der Stadt. Das fünfgeschossige Gebäude hat 55 Abteilungen mit 510 Angestellten.

Oben: Links das Hotel Windsor. Etwas weiter, an der Prager Straße/Ecke Sidonienstraße (Nr. 48), befindet sich die bekannte Konditorei Hülfert. 1881 gründete der Obermeister der Konditoreikreisinnung Richard Hülfert hier sein Unternehmen mit Café. Über die Landesgrenzen hinaus sind Hülferts Baumkuchen und Christstollen begehrt. In der ersten Etage können die Gäste in behaglichen Salons mit Balkonen Windbeutel, Sahneschnitten und weitere Köstlichkeiten probieren, den Ausblick auf die Prager Straße genießen. Darüber hinaus sorgen große Lese-, Spiel- und Billardzimmer für Abwechslung.

Links: Ein repräsentativer Bau auf der Prager Straße, den man auch vom Hauptbahnhof aus gut sieht, ist das Eckhaus der „Landwirtschaftlichen Feuerversicherungsanstalt". Architektur-Professor Kurt Diestel (1862–1946) von der Technischen Hochschule Dresden empfand ihn dem Wiener Jugendstil nach. Erdgeschoss und Beletage beherbergen das renommierte Kaiser-Café. In den Jugendstil-Räumen treffen sich die Dresdner Schickeria, der Adel, Offiziere und das Ensemble des Hoftheaters. Anfang der zwanziger Jahre, im Stil der neuen Zeit modernisiert, bieten die Café-Räume Künstlern für Konzerte täglich eine Heimat.

Auf dem großen Eckgrundstück Prager-, Sidonien- und Christianstraße steht das exklusive Hotel „Europäischer Hof". Der durch Bücher wie „Im Hotel – diskrete Indiskretionen" bekannte Hotelier Rudolf Sendig (1848–1928) übernahm 1891 den Gourmet-Tempel. Hier richtete er u. a. das Festsouper am Tage der Erstaufführung des Rosenkavaliers im Jahre 1913 für 300 Personen aus. 60 Hotelangestellte servierten dabei feinsten Kaviar, Haselhuhnbrühe, Kalbsbraten mit frischen Trüffeln und Champignons, kalte Poularden mit Straßburger Gänseleberpastete, Spinat und Austern, Ananasbombe mit frischen Erdbeeren und Schlagsahne, zum Abschluss Käse und Luxusfrüchte. An Getränken wurden Henckel trocken, 1875er Bordeaux und Henckel Privat kredenzt. Die Orchideen-Dekoration kam aus Nizza. Gespeist wurde von echt silbernen Tellern und Meissener Porzellan. Nach Sendigs Rückzug aus Dresden (weiteres Hotel in Bad Schandau) etabliert sich hier das bekannte „Café Rumpelmayer".

Vom turbulenten Postplatz bis zur Tabakmoschee

Wir starten am Postplatz, wo u. a. das Postamt steht, das man 1912 zum Telegraphenamt umbaut. An der Ecke Annenstraße/Am See hat seit 1878 die Oberpostdirektion in einem dreigeschossigen Gebäude mit Stilelementen der Neorenaissance ihr Domizil. 1903 wird der Bau um das Hauptpostamt Ecke Annen-/Marienstraße erweitert. Der Postplatz ist der traditionelle Kreuzungspunkt vieler Straßenbahnlinien: ob 2, 6, 7, 8, 10, 15, 18, 19, 20, 21 oder 22 – alle rollen hier lang. Ab 1872 sah man hier die ersten Pferdebahnen und seit 1893 die „Elektrische“. Die Linie 22 nimmt beispielsweise die Strecke von Coßmannsdorf über Deuben, Freital, Potschappel, Dölzschen, Neustädter Bahnhof bis nach Cossebaude. Die Bahnen fahren mit Schaffnern. Neben der Uniform haben sie eine Kneifzange und eine Geldkassette für das Wechselgeld. Sowohl im Triebwagen – seit 1930 ist der „Große Hecht“ eingesetzt – als auch im Anhänger verkaufen sie von einem Abreißblock Fahrscheine.

Bis 1927 plätschert der Cholerabrunnen auf der Mitte des Postplatzes. Dann muss er weichen, wird zur Sophienkirche versetzt. Dafür kommt die runde Straßenbahnwartehalle an seine Stelle, die der Dresdner „Käseglocke“ nennt.

Ein Abstecher sei uns von der Annenstraße in das arme Viertel „Poppitz“ erlaubt. Noch lange vor der Annenkirche biegen wir auf Höhe des Schuhwarenhauses C. Siewert in die Kanalgasse ein. Hier sieht man vor allem in der Dämmerung viele Herren. Denn in den halb verfallenen Häusern warten die Dresdner Dirnen. Zurück zum Postplatz gelangt, schlendern wir zwischen Zwinger und 1912/13 erbautem Schauspielhaus die Ostra-Allee entlang. Vorbei am Herzogin Garten und dem gleichnamigen Hotel laufen wir auf einen gewaltigen Bau mit farbiger Glaskuppel und spitzen Türmen zu. Er sieht aus wie eine orientalische Moschee, heißt im Volksmund auch „Tabakmoschee“. Ihr Erbauer ist 1908 der Sächsische Geheimrat, Königlich Bulgarischer Generalkonsul und Ritter Hugo Zietz (1857–1927). Aus Braunschweig stammend, beginnt er in Dresden mit der Zigarettenproduktion. Als ihm all seine Produktionsstätten zu klein werden, lässt er sich die „Orientalische Tabak- und Cigarettenfabrik Yenidze“ errichten – benannt nach einem türkischen Ort. Der orientalische Palast mit Jugendstilformen (zehn Geschosse) und 62 Meter hoher Glaskuppel ist eins der ersten deutschen Stahlbetonhochhäuser. Der „Hoflieferant S. M. des Königs von Sachsen“ produziert hier weltbekannte Marken wie „Salem Aleikum“ oder „Salem Gold“. Sein Architekt Professor Martin Hammitzsch (1878–1945) findet mit dem Entwurf anfänglich wenig Zustimmung – man schließt ihn sogar aus der Reichsarchitektenkammer aus. Später wird er allerdings noch Direktor der Bauschule, heiratet 1936 Angela Hitler, verwitwete Raubal (1883–1949), die Halbschwester von Adolf Hitler (1889–1945).

Oben links: Der Postplatz mit dem Restaurant „Stadtwaldschlösschen“, den beiden Türmen der Ev.-Luth. Sophienkirche und dem Zwinger.

Oben rechts: Im Vordergrund das runde Straßenbahn-Wartehäuschen, das die Dresdner seit seiner Errichtung im Jahre 1927 „Käseglocke“ nennen. Vorher stand an gleicher Stelle der 1843 aufgestellte Cholera-Brunnen – mit achteckigem Sandstein-Becken und 18 Meter hohem Turm in gotischer Form. Als der Platz für das Wartehaus benötigt wurde, versetzte man ihn an die Sophienkirche. Den Postplatz schließt das wuchtige Telegraphen- und Fernsprechamt ab.

Rechts: Blick in die Ostra-Allee vom Postplatz aus. Entlang dieser Allee stehen der Zwinger, das Schauspielhaus, das Logenhaus für die Freimaurer-Logen „Zu den drei Schwertern“ und „Zum Goldenen Apfel“ sowie der Herzogin Garten (alle nicht sichtbar). Im Hintergrund leuchtet der Turm der Tabakmoschee.

Oben links: Wer sich vom Postplatz in südwestliche Richtung begibt, gelangt in das Armutsquartier „Poppitz“. Hier wechseln sich windschiefe Häuser mit abbröckelndem Putz, verfallene Höfe und Fassaden mit schreiender Werbung ab. Rechts geht es in die Kanalgasse. Der Annenstraße weiter folgend, gelangt man zur 1578 geweihten Annenkirche. Seit der Restaurierung 1906 bis 1909 zeigt sich die Südwestfassade im Jugendstil.

Oben rechts: Nicht nur nach Einbruch der Dämmerung bieten in der berüchtigten Kanalgasse Dirnen ihre frivolen Dienste an.

Links: Das Portal des 15 Meter breiten, acht Meter hohen und 113 Meter langen Orangeriegebäudes vom Herzogin Garten an der Ostra-Allee. Dahinter das gleichnamige Hotel.

Oben: 62 Meter ragt die farbig verglaste Kuppel der Yenidze empor. Den einer Moschee nachempfundenen Industriebau an der Weißeritzstraße entwarf Prof. Martin Hammitzsch (1878–1945). Er wurde 1908 für den Zigarettenfabrikanten Hugo Zietz (1857–1927) aus Stahlbeton, Sandstein und glasierten Keramikfliesen errichtet. Kuppel, Minarett (verbirgt den Schornstein) und maurische Stilelemente erinnern an die Herkunftsländer der hier verarbeiteten Tabake.

Rechts: Der alte Postplatz mit dem Telegraphen- und Fernsprechamt im Hintergrund und dem Cholerabrunnen in der Mitte vor dem Jahre 1927. Es ist ein von Sachlichkeit geprägter Platz, der als Kreuzungspunkt vieler Straßenbahnlinien dient.

Großer Garten, Ausstellungspalast und Kugelhaus

Wer sich entspannen, unter alten Bäumen Ruhe suchen, mit Kind und Kegel auf den insgesamt 30 Kilometer langen Wegen spazieren gehen oder Rad fahren will, ist im Großen Garten genau richtig. Dresdens größte zusammenhängende Parkanlage unweit des historischen Zentrums umfasst eine Fläche von zwei Quadratkilometern. Die symmetrische Einteilung in drei Längsalleen und eine Querallee geht auf die glanzvolle Barockzeit zurück. Kunstfreunde wissen einen Besuch des 1683 fertiggestellten Palais – das dreistöckige Lustschloss ist Kursachsens frühester Barockbau – zu schätzen. Seit 1837 beherbergt es das Museum des Sächsischen Altertumsvereins, außerdem seit 1861 das Rietschel-Museum. Liebespaare treffen sich an den acht romantischen Kavaliershäusern oder am 1926 aufgestellten Mosaikbrunnen. Ein richtiger Volks- und Erholungspark wird der Große Garten in den Jahren nach 1873. Da gestaltet ihn Karl Friedrich Bouché (1850–1933) im englischen Stil um. Man legt neue Wege und Spielplätze an, pflanzt einheimische, nordamerikanische, kaukasische und ostasiatische Gehölze. Zu Gondelpartien lädt seit 1886 der Carolasee, eine frühere Kiesgrube, ein. Schon 1861 hat man einen Teil des Großen Gartens für den Zoologischen Garten abgetrennt, von dem später noch die Rede sein wird. In den Ausflugslokalen wie dem „Carolaschlösschen", der „Pikardie" oder der „Großen Wirtschaft" wirbeln Kellner und Serviererinnen mit Kaffeegedecken, Bierhumpen, Likör- und Limonadengläsern um die voll besetzten Tische. Beliebt ist die „Sinalco" – ein Erfrischungsgetränk, das der Radebeuler Naturheiler Friedrich Eduard Bilz (1842–1922) erfand. Aus der „Torwirtschaft" am Anfang der Lennéstraße ertönt die schönste Kaffeehaus-Musik. Zwei Geiger, ein Cellist und ein Pianist unter Leitung von Alfred Wasserkamp veranstalten hier die beliebten Tor-Konzerte. 1889 wird der Botanische Garten auf drei Hektar an der Stübelallee angelegt und im gleichen Jahr öffnet auch der Ausstellungspalast am Stübelplatz seine Pforten. Neben Expositionen der verschiedensten Art lädt der monumentale Bau im Gründerzeit-Stil auch zu großen Revuen ein. Die Tänzerin La Jana (1905–1940), Operetten-Star Fee von Reichlin (1912–2002) – wahre Berühmtheiten kann man hier erleben. Glanzpunkte sind die gigantischen Gartenbau-Schauen von 1887, 1907, 1926 und 1936. Auch die Ausstellung „Die Technische Stadt" 1928 begeistert viele Dresdner. Extra für sie hat Architekt Professor Peter Birkenholz (1876–1961) das erste Kugelhaus der Welt errichtet. Die Kugel ist in fünf Geschosse unterteilt, beherbergt Läden, Ausstellungsräume und im vierten Stockwerk ein Café. Das 26,5 Meter hohe und 280 Tonnen schwere Gebäude mit 160 Fenstern, welches von 20 000 Nietverbindungen zusammengehalten wird, gilt bis zum Abriss 1938 als ein Wunderwerk der Technik.

Oben und rechts: Die Westseite des Palais im Großen Garten mit vorgelagertem Blumenbeet. Im Schnittpunkt der zwei Hauptalleen des Großen Gartens gelegen, befindet sich dieses dreigeschossige Lustschlösschen im Mittelpunkt der Parkanlage. 1678/83 für Kurfürst Johann Georg III. (1647–1691) errichtet, der wegen seiner kriegerischen Natur als „sächsischer Mars" in die Geschichte einging, gilt es als Auftakt der sächsischen Barockarchitektur. Als Festort in der Dresdner Residenzlandschaft diente das Areal rund um das Palais u. a. zur Zeit Augusts des Starken (1670–1733) verschiedenen Lustbarkeiten. So 1709 einer festlichen „Bauernwirtschaft" oder 1719 dem „Venusfest". Nach 1813 wurden Gartenanlage und Palais der Öffentlichkeit zugänglich. Freitreppen führen an der Ost- und Westseite zu den Festräumen im Inneren. Den Mittelpunkt des Gebäudes, das nie für Wohnzwecke in Betracht gezogen wurde, bildet der große Saal im Obergeschoss mit seinen üppigen Stuckaturen, den prächtigen Wand- und Deckenmalereien. Seit 1837 ist hier das Museum des Sächsischen Altertumsvereins untergebracht.

Oben links: Herbststürme fegen über den Großen Garten hinweg. Wir sehen eins der acht Kavaliershäuser und zwei der kunstvollen Marmorgruppen. Pietro Balestra († nach 1729) schuf „Die Zeit entführt die Schönheit“, Antonio Corradini († 1752) „Die Zeit enthüllt die Wahrheit“.

Oben rechts: Winterstimmung um das Palais im Großen Garten.

Unten links: Schwäne auf dem Palaisteich. Hier werden auch Karauschen, Schleie und Karpfen gezüchtet. 1882 bis 1895 lässt Garten-Direktor Friedrich Bouché (1850–1933) einen weiteren Teich von 30 000 Quadratmetern zum Gondeln, Eislaufen und für Fischerei ausheben.

Oben: Die Stübelallee, die nach Dresdens Oberbürgermeister Alfred Stübel (1827–1895) benannt ist, führt am Ausstellungspalast, am 1926 erbauten Dresdner Planetarium, am 1893 eröffneten Botanischen Garten und am Großen Garten vorbei.

Rechts: Der monumentale Eingang Stübelallee des 1894/96 errichteten Ausstellungspalastes am Stübelplatz. Das von Alfred Hausschild (1841–1929) und Edmund Bräter (1855–1925) im Gründerzeit-Stil entworfene Gebäude ist der Mittelpunkt des Dresdner Ausstellungswesens. Hier finden u. a. 1903 die „Deutsche Städte-Ausstellung“, 1906 die „3. Deutsche Kunstgewerbe-Ausstellung“, 1909 die „Internationale Photographische Ausstellung“, 1911 die „Internationale Hygiene-Ausstellung“, ab 1922 die „Jahresschau Deutscher Arbeit“ z. B. mit der „1. Reichsgartenschau“ im Jahre 1936 statt. Weitere Jahresschauen sind hier zu folgenden Themen zu sehen: 1922 „Deutsche Erden“ (Glas, Porzellan, Keramik), 1923 „Spiel und Sport“, 1924 „Textil“, 1925 „Wohnung und Siedlung“, 1926 wird die Jubiläums-Gartenbauausstellung mit der Internationalen Kunstausstellung verbunden, 1927 „Das Papier“, 1928 „Die Technische Stadt“, 1929 „Reisen und Wandern“, die Jahre 1930/31 gehören der 2. Internationalen Hygiene-Ausstellung, 1934 „Land Sachsen“, 1935 „Der rote Hahn“ (Feuerschutz, Rettungswesen), 1937 „Garten und Heim“, 1938 „Sachsen am Werk“, 1939 „Deutsche Kolonialausstellung“.

Links: Das erste Kugelhaus der Welt hat man 1928 nach den Entwürfen des Münchner Architekten Professor Peter Birkenholz (1876–1961) in Dresden errichtet. Es gilt als ein eindrucksvolles Modell, an dem Zukunftsprobleme technischer Bauten erörtert werden können. In der Pressemitteilung der Jahresschauleitung heißt es: „Für die diesjährige Jahresschau ‚Die Technische Stadt', die am 16. Mai eröffnet wird, bestand von Anfang an der Plan, ein Geschäftshaus mit allen Neuerungen modernster Technik zu erbauen. Nun ist von einem Münchner Architekten, Professor Peter Birkenholz, jüngst in der Presse das Problem der Kugelhäuser aufgerollt worden, ein neuartiger Baustil, der noch niemals, auch nicht in Amerika, bisher verwirklicht worden ist. Die Dresdner Jahresschau hat beschlossen, ein solches Kugelhaus auf der diesjährigen Ausstellung ‚Die Technische Stadt' zu bringen, und damit das interessante Problem vor der gesamten Öffentlichkeit zur Diskussion zu stellen. Ohne mit dieser neuartigen Bauart bahnbrechend wirken zu wollen, soll doch zu neuen Anregungen und Erörterungen durch dieses Projekt Veranlassung gegeben werden. Sicherlich werden sich Stimmen melden, die ein derartiges Experiment nicht gutheißen. Aber wir leben im Zeitalter der Technik, und niemand wird sich vermessen können, heute schon die Grenzen zu erkennen … Das Kugelhaus wird auf dem Festplatz am Rande der Herkules-Allee zu stehen kommen, gegenüber dem Konzertplatz, wo sich während der Papierausstellung die hohen Zeitungstürme erhoben. Es wird einen Durchmesser von 25 Meter haben und auf einem Sockel von etwa 5 Meter ruhen. Die Höhe wird etwa 30 Meter betragen und damit dem Grünen Turm der Gartenschau-Ausstellung gleichkommen. Während im unteren Teil des Kugelhauses in vier Etagen Geschäftsläden eingerichtet werden, soll in seinem oberen Teil unmittelbar unter der Kuppel ein Kaffee-Restaurant, zu dem eigene Aufzüge hinaufführen, zur beschaulichen Ruhe einladen …"

Oben rechts: Blick auf das Freigelände der Jahresschau „Die Technische Stadt" am Ausstellungspalast im Jahre 1928 mit dem Kugelhaus.

Zwischen Goldenem Reiter und Albertplatz – die Neustadt

Über die 1910 neu ausgeführte Augustusbrücke mit ihren zehn Bögen – Pöppelmanns zweifellos eleganterer Vorgängerbau besaß 17 Pfeiler – erreichen wir Dresdens anderes Stromufer. Altendresden, wie die jetzige Dresdner Neustadt lange Zeit hieß, wurde 1403 zur Stadt erhoben. Am Neustädter Markt stehen wir vor dem Goldenen Reiter – dem 1736 enthüllten Reiterstandbild von Kurfürst Friedrich August I. (1670–1733). In der Art römischer Imperatoren gekleidet sitzt Sachsens Herrscher, dem der Volksmund den Beinamen „der Starke" verlieh, auf einem sich aufbäumenden Pferd, reitet Richtung Polen. Dessen Königskrone erwarb der große Sachse im Jahre 1697. Nach dem Stadtbrand von 1685 hatte der Monarch die „Neue Königsstadt" als barockes Areal planen lassen. An der Nordwestseite steht das um 1750 erbaute Neustädter Rathaus. Die beiden Fahnenmasten davor erinnern an den Kaiserbesuch von 1893.

Bevor wir uns jedoch der Hauptstraße zuwenden, biegen wir am Blockhaus links in die Große Meißner Straße mit den schönen Barockfassaden auf der linken Seite ein. Mancher stattet noch dem Japanischen Palais einen Besuch ab. Dann betreten wir die prachtvolle Hauptstraße, der alte Linden das Flair einer Allee verleihen. Hier wohnte im Haus „Gottessegen" der auf dem Heimweg von seinem Loschwitzer Weinberg ermordete Porträtmaler Gerhard von Kügelgen (1772–1820). Linker Hand steht die 1739 geweihte Ev.-Luth. Dreikönigskirche mit dem 87,5 Meter hohen Turm und 3500 Plätzen. In ihrem 1732 wegen veränderter Straßenplanung abgerissenen Vorgängerbau fand die Vermählung von Frauenkirchen-Schöpfer George Bähr (1666–1738) statt. Etwas weiter rechts weihte man 1855 die katholische Kirche St. Franziskus Xaverius. Das dem lombardischen Stil des 12. Jahrhunderts nachempfundene Gotteshaus besitzt zwei Türme. Wir sind am kreisrunden Albertplatz angekommen, der seit Mitte des 19. Jahrhunderts als einer der schönsten Plätze Deutschlands gilt. 1832/36 legten hier Bergleute den Artesischen Brunnen an. 1873 wurden das Albert-Theater, 1894 die Rundbrunnen „Stilles Wasser" und „Stürmische Wogen" von Robert Diez (1844–1922), 1901 die Villa Eschebach und 1929 das Hochhaus errichtet. Ob das im Auftrag der Sächsischen Staatsbank hochgezogene Bauwerk wirklich zur Verschönerung des Platzes beiträgt – darüber streiten sich die Dresdner seit dem Tag der Grundsteinlegung. Wer mag, erreicht über den Platz hinaus die Antonstadt, dann Deutschlands größtes Kasernen-Viertel Albertstadt und den Flughafen. Nicht weit vom Albertplatz entfernt befindet sich am Schlesischen Platz auch der Neustädter Bahnhof mit Zügen nach Berlin, Leipzig, Görlitz, Breslau, Meißen. Wir eilen aber über Königstraße, Wilhelm-Platz, Palaisgasse, Körnerstraße (hier befindet sich das Museum für Theodor Körner) zur Augustusbrücke zurück.

Oben: Nach Verlassen der Rampe der Augustusbrücke steht das Reiterstandbild Augusts des Starken vor uns auf dem Neustädter Markt. Links davon befindet sich das Neustädter Rathaus. Zu den vornehmsten Gebäuden der Neustadt zählend, wurde es 1750/54 nach dem Entwurf von Johann Gottfried Fehre (1685–1753) von Ratsbaumeister Johann Christoph Berger (1708–1760) errichtet. Auf dem hohen Dach ziert den Dachreiter eine Uhr. Etwas weiter auf der mit Linden bepflanzten Hauptstraße erkennen wir den Turm der Dreikönigskirche.

Links: Vom zentralen Platz der Neustadt, dem Albertplatz, schauen wir Richtung Elbe. Im Vordergrund sind die beiden Rundbrunnen „Stilles Wasser" und „Stürmische Wogen" (seit 1894) von Kunstakademie-Professor Robert Diez (1844–1922) zu sehen, etwas weiter links die katholische Kirche St. Franziskus Xaverius (1855 geweiht) und rechts die Evangelisch-Lutherische Dreikönigskirche (1739 geweiht).

Oben links: Die Häuser Nr. 1 und 3 an der Großen Meißner Straße. Hier hat sich eins der kostbarsten Ensembles barocker Dresdner Bürgerhäuser mit durchgehend dreieinhalbgeschossigen Bauten erhalten. Die Straße trägt seit 1455 ihren Namen nach dem Meißnischen Tor, seit dem 18. Jahrhundert hieß sie „Große Meißnische Gasse".

Oben rechts: Stadtrundblick vom 65,55 Meter hohen Johannes-Kirchturm an der Pillnitzer Straße über die Elbe zum 1900/04 errichteten Gesamtministerialgebäude in der Neustadt.

Unten rechts: Vom Hochhaus am Albertplatz schauen wir nördlich auf die Königsbrücker Straße, die 1414 erstmals als Weg nach Langebrück Erwähnung fand. Östlich wurde 1835 die erste Schokoladenfabrik Jordan & Timäus gegründet. Im Haus Nr. 66 erblickte Schriftsteller Erich Kästner (1899–1974) das Licht der Welt. 1927 entstand an der Ecke Bischofsweg das Filmtheater „Schauburg" mit 1000 Plätzen.

Oben: Der Albertplatz im Schnittpunkt von Königsbrücker Straße, Albertstraße, Antonstraße und Hauptstraße. Ab 1817 nach Plänen von Gottlob Friedrich Thormeyer (1757–1842) angelegt, nimmt er vier Haupt- und sechs Nebenstraßen auf. Drei Baumreihen und die villenartige Bebauung verliehen ihm um die Mitte des 19. Jahrhunderts das Prädikat eines der schönsten Plätze Deutschlands. 1832/36 bohrten Freiberger Bergleute hier den 240 Meter tiefen Artesischen Brunnen, der sommers wie winters Wasser mit einer Temperatur von 13 Grad liefert. Den Rundtempel für den Wasserspeier mit Goldfischteich schuf 1906 Hans Erlwein (1872–1914). Im Jahre 1873 errichtete man das Albert-Theater und 1901 die Villa Eschebach. Seit 1929 scheiden sich die Geister, ob das 40 Meter hohe Hochhaus der Sächsischen Staatsbank von Hermann Paulick für den Platz ein Gewinn ist. Das erste Dresdner Hochhaus mit elf Geschossen ist ein reiner Stahlbetonskelettbau.

Unten: Das runde Wartehäuschen mit unterirdischer Toilettenanlage am Albertplatz. Hier rattern die Straßenbahnlinien 3, 6, 7, 9, 11, 12, 13, 17 und 26 vorbei.

Automatenrestaurant, Bärenschänke, Narrenhäus'l & Co.

Schon 3000 Gasthäuser und Beherbergungsbetriebe gibt's um 1900 in Dresden. Eine halbe Million Touristen empfängt die Elbestadt allein im Jahre 1914. Und in Dresdens Restaurants finden sie alle sächsischen Spezialitäten: Kartoffelsuppe, Rauchfleisch mit Linsen, Rinderroulade, Sauerbraten, Schweine-, Rinder-, Kalbs- und Hammelbraten mit Kartoffeln oder Klößen, Bierkarpfen oder einfach nur Pellkartoffeln mit Quark und Leinöl ...

Dresdens größtes Speisehaus ist die 1887 gegründete „Bärenschänke". Diese Jagdgaststätte mit 1000 Plätzen im neoromanischen Stil hat ihren Namen vom Bärenzwinger, der sich im Hof des Gebäudes befand. Erst nur im Grundstück Webergasse 27 angesiedelt, kommen im Laufe der Jahre Grundstücke an der Webergasse und der Zahnsgasse hinzu. Rund 300 Geweihe zieren die Wände, die zusätzlich mit Jagdmotiven bemalt sind. Bereits 1910 beschäftigt Pächter Karl Höhne 80 Mitarbeiter, lässt pro Tag 6000 warme Mittagessen kochen und servieren. Die Portion Pökelschwein mit Kloß und Sauerkraut kostet um 1935 nur 50 Pfennige. Die „Bärenschänke" ist eine echte Volksgaststätte. Es gibt eine Bärenstube und eine Gänseliesel-Halle, statt des Kuckucks kommt ein tanzender Bär aus der Uhr.

Auch das neue Narrenhäus'l im Fröhlich-Haus an der Augustusbrücke auf Neustädter Seite sollte man besuchen. 1936 von den Wirtsleuten Kroupa eröffnet, laden Freiterrasse, Speisesaal im ersten Stock mit 80 Plätzen und Café im zweiten Stock ein. Neumarkt 9/Moritzstraße 1b wartet das „Löwenbräu" mit seinem mondänen Gründerzeit-Interieur im alten Palais de Saxe auf Gäste. Hier musizierten einst sogar der große Niccolo Paganini (1782–1840) und Franz Liszt (1811–1886). Auf fast allen Straßen kann man Gaststätten empfehlen: das „Stadt Rom" am Neumarkt 10, das „Fischhaus" an der Großen Brüdergasse 15/17, das Restaurant „Goldener Löwe" an der Ecke Bautzner Straße/Holzhofgasse, das „Zum Königstein" auf der Pirnaischen/Ecke Zirkusstraße. Vom gut gekühlten, köstlichen Bier werden hier gleich mehrere Sorten wie Pilsner Urquell, Grenzquell oder Radeberger gezapft. Stammgäste sind Kreuzkantor Prof. Rudolf Mauersberger, Goldschmied Smy oder Operettensänger Georg Wörthge. Im „Ratsweinkeller" im Neuen Rathaus an der Kreuzstraße gibt's trotz 700 Stühlen abends ab acht Uhr kaum noch einen freien Platz. Über dem Portal vom „Goldenen Engel" Wilsdruffer Straße 6 schwebt tatsächlich ein vergoldeter Engel. Ein paar Schritte weiter heißt an der Wilsdruffer Straße 14 eine Kneipe „Zur Ritze". Moderne Gastronomie bietet das 1913 von Stadtarchitekt Hans Erlwein (1872–1914) gebaute „Italienische Dörfchen" mit seinem Grünspandach am Theaterplatz 1. Dresden hat sogar Automaten-Restaurants, wo auf Knopfdruck die warmen und kalten Speisen quasi von Maschinen serviert werden ...

Oben: Die Fassade des größten Dresdner Bier- und Speisehauses, „Bärenschänke". Es befindet sich im Gebäudekomplex Webergasse 27–31 und Zahnsgasse 16–22 zwischen Altmarkt und Wallstraße. Schon 1887 errichtet man die „Bärenbräu" ausschenkende Lokalität an der Webergasse 27, die danach ständig expandiert, über 1000 Sitzplätze verfügt. Mit eigener Geflügelfarm und hauseigener Schlächterei versehen, werden hier an einem einzigen Abend sieben Zentner Schweinsknochen, 800 Klöße, 120 Hasen und Gänse sowie 1600 Rebhühner verarbeitet.

Links: Gute Stube bzw. Bierstube der Bärenschänke. Durch Innenarchitekt Oswin Hempel (1876–1965), der 1911 sowie 1931/34 die Renovierungsarbeiten leitet, wird die Bärenschänke zu einem „volkstümlichen Kulturereignis" gemacht. In den verzweigten Sälen, Zimmern, Gängen und Nischen herrscht Wohnlichkeit. Es gibt eine Hubertusstube, die holzgetäfelte Jagdhalle, Bismarck-, Herren- und Soldatenstuben. Die Küchentechnik ist mit Schnell-Brat-Herd und Speisenaufzug hochmodern.

Rechts: Erst seit 1936 kann man im Narrenhäus'l speisen. Die aus Leipzig stammenden Wirtsleute Kroupa führen ihr Haus mit Freiterrasse, Speisesaal im ersten Stock (80 Plätze) und Café im zweiten Stock mit Witz und Humor. Ganz wie Hofnarr Joseph Fröhlich (1694–1757), der sich 1755 das Gebäude als „Narren-Palais“ bauen ließ. Der gelernte Müller aus Aussee/Salzkammergut war 1725 nach Dresden gekommen. Als „kurtzweiliger Rat“ gehörte er zu den populärsten Personen am Dresdner Hofe und machte als Possenreißer und Unterhalter der adligen Gesellschaft ein schönes Vermögen.

Links: Nachdem 1897 in Berlin das erste Automatenrestaurant Deutschlands mit großem Erfolg eröffnet hat, findet diese neue Form der sterilen Gastlichkeit auch in Dresden Nachahmer. Mehrere dieser Selbstbedienungsrestaurants laden ein. Viele Gäste sind von der Pracht, den zahlreichen Facettenspiegeln und den Glasmosaiken angetan. Die Automaten, die sich auf Sockeln aus rotem und alabasterweißem Marmor erheben, blinken wie Silber. Vom frischgezapften Bier für 10 Pfennige über Lebkuchen, Tortenstücke, Würstchen bis zum warmen Essen gibt es ein breites Angebot. Auch Kreuzkantor Prof. Rudolf Mauersberger (1889–1971) ist mit einigen Kruzianern oft hier zu finden. Das älteste deutsche Patent für einen Warenautomaten wurde übrigens im Mai 1883 an Emil Wirba und Ferdinand Uecker aus Berlin für einen „Automatischen Verkaufsbehälter für Zigarren“ vergeben.

Oben rechts: Das berühmte Erlebnisrestaurant „Donaths Neue Welt“ in Alttolkewitz ist eine Schöpfung der Gebrüder Rinaldo und Hermann Donath. Den Biergarten ziert ein gewaltiges Alpenpanorama mit Eiger-Nordwand und Wetterhorn aus Pappe und Holzgerüsten. Ist abends alles farbig beleuchtet, wird der Gast Zeuge des Alpenglühens. Liebespaare sind in der Gnomengrotte oder der Märchengrotte ungestört.

Darunter: Seit 1925 betreiben Martha (1884–1945) und Paul Mannhaupt (1883–1938) die Gaststätte „Zum Königstein“ auf der Pirnaischen Straße/Ecke Zirkusstraße. Großer Beliebtheit erfreut sie sich wegen der vielen sächsischen und böhmischen Biersorten.

Links: Fröhliche Wirtshausrunde mit Damen und Herren in der Gaststätte „Goldener Löwe“ an der Ecke Bautzner Straße/Holzhofgasse in der Dresdner Neustadt. Rund 3000 Gaststätten zählt die sächsische Residenz- und Landeshauptstadt schon im Jahre 1900.

Von vielen Gotteshäusern bleibt nur die Erinnerung

Wer die großen Innenstadtkirchen wie Frauenkirche, Kreuzkirche, Katholische Hofkirche oder Dreikönigskirche besucht, vergisst auf keinen Fall die Ev.-Luth. Sophienkirche. Sie ist das einzige erhaltene gotische Gotteshaus Dresdens, prägt neben Residenzschloss und Zwinger mit ihren beiden schlanken Türmen die Silhouette der Stadt. Bis zur Einführung der Reformation 1539 war sie die Klosterkirche der Franziskaner-Minoriten, deren Orden 1208 der heilige Franziskus von Assisi (1181/82–1226) ins Leben rief. Das um 1240 gegründete Kloster nannte man auch Barfüßerkloster. Der kurfürstliche Hofprediger Dr. Polycarp Leyser (1552–1610) weiht die Kirche 1602 der himmlischen Weisheit (Sophia) – in Anlehnung an den Namen der Kurfürstin-Witwe Sophie (1568–1622), der Gemahlin des Kurfürsten Christian I. (1560–1591). Diese finanziert 1603 auch die Anlage der Fürstengruft unter der Apsis, und 1606 stiftet sie den Hauptaltar aus farbigem sächsischem Marmor und Alabaster. Im Jahre 1737 wird der protestantische Hofgottesdienst in die Sophienkirche verlegt. Als Evangelische Hofkirche und Predigtstätte des Oberhofpredigers ist sie bis zum Ende der Monarchie die Hauptkirche des lutherischen Sachsens. Als Domkirche St. Sophien fungiert das Gotteshaus seit 1922 als Bischofskirche und Wirkungsstätte des ersten sächsischen Landesbischofs D. Ludwig Heinrich Ihmels (1858–1933). Die zwei seitlichen Treppentürme mit filigran durchbrochenen Turmspitzen von je 66,20 Meter Höhe sind wie die neugotische Westfassade ein Werk der zweiten Hälfte des 19. Jahrhunderts. 1932 ersetzt man die Turmspitzen durch kupfergedeckte Helme.

Ein imposantes Bauwerk unter den mehr als 80 Gotteshäusern ist auch die Ev.-Luth. Jakobikirche im neoromanischen Stil am Wettiner Platz, die am 1. Dezember 1901 geweiht wird. Sie fasst 1300 Plätze, ist bis zur Turmspitze 78,5 Meter hoch und hat Dächer aus grün glasierten Biberschwänzen. An der Ecke Nürnberger/Hohe Straße erbauen Rudolf Schilling (1859–1933) und Julius Graebner (1858–1917) mit der Ev.-Luth. Zionskirche (Weihe 1912) die erste Kirche mit axialer Kanzelstellung. Der 50 Meter hohe, von einem Eisengerüst getragene Turm ist reich mit ornamentiertem Kupfer gedeckt. Im Inneren fällt die Jugendstil-Bronzekanzel mit den Gestalten der vier Evangelisten von Selmar Werner (1864–1953) sofort ins Auge. Manche Kirchen verdankt Dresden auch den vielen Fremden, die den internationalen Kurort Dresden besuchen. Neben der russisch-orthodoxen bilden sich weitere eigenständige Ausländer-Gemeinden, die nahe dem Hauptbahnhof Kirchen errichten: 1869 die Englische Kirche All Saints, 1883 die Amerikanische Kirche St. John und 1884 die Schottisch-Presbyterianische Kirche. Die Reformierte Kirche besitzt seit 1892 an der Ringstraße einen neoromanischen Backsteinbau.

Oben: Ein neoromanischer Backsteinbau (Satteldach mit Glockenstuhl über der Westfassade) ist auch das 1892 von Harald Julius von Bosse (1812–1894) geschaffene Gotteshaus der Reformierten Kirche an der Ringstraße.

Links: Die mächtige Ev.-Luth. Jakobikirche. Ihre Jakobigemeinde entstand am 1. Oktober 1884 durch Auspfarrung der zu groß gewordenen Annengemeinde. Zuerst feierte sie in der alten Stiftskirche des Ehrlichschen Gestifts Gottesdienst, welche man aber wegen Baufälligkeit Mitte 1897 abbrach. An gleicher Stelle errichtete der Berliner Architekt Jürgen Kröger (1856–1928) ein imposantes Gotteshaus im neoromanischen Stil, das am 1. Dezember 1901 geweiht wurde. Die farbige, 1300 Plätze fassende und bis zur Kirchturmspitze (Turmpyramide aus einer Eisenkonstruktion) 78,5 Meter hohe Kirche mit massiven Ziegelgewölben ist am Sockel aus Lausitzer Granit, weiter oben aus Sandstein ausgeführt.

Vom ersten Spatenstich am 27. Juli 1908 bis zur Weihe am 29. September 1912 von Rudolf Schilling (1859–1933) und Julius Graebner (1858–1917) erbaut, ist die Ev.-Luth. Zionskirche an der Ecke Nürnberger Straße/Hohe Straße mit 1050 Sitzplätzen die erste Kirche mit axialer Kanzelstellung. Bis zum Dach bildet Sandstein das Baumaterial. Der 50 Meter hohe Turm ist mit reich ornamentiertem Kupfer gedeckt. Im Inneren fallen das mächtige weiße Marmorkreuz vor rotem Glassteinmosaik und die Jugendstil-Bronzekanzel mit den Gestalten der vier Evangelisten sofort ins Auge. Von ihrem Schöpfer Selmar Werner (1864–1953) stammt auch die Kreuzigungsgruppe an der Fassade. Die Jehmlich-Orgel verfügt über drei Manuale und 56 Register.

Oben links: Blick ins Innere der Ev.-Luth. Sophienkirche. Den Hauptaltar schuf der Dresdner Bildhauer Sebastian Walther (1576–1645) nach einem Entwurf von Giovanni Maria Nosseni (1544–1620). In den Jahren 1720/21 baute Gottfried Silbermann (1683–1753) in die Kirche seine erste Dresdner Orgel ein. Johann Sebastian Bach spielte mehrfach auf ihr, und sein Sohn Wilhelm Friedemann Bach (1710–1784) war von 1733 bis 1746 hier Organist.

Oben rechts: Die Sophienkirche mit dem 1927 vor ihr aufgestellten Cholera-Brunnen von 18 Meter Höhe. Beide Kirchtürme von je 66,22 Meter Höhe sind auf diesem Foto vom Jahre 1928 noch filigran durchbrochen. Erst 1932 erhalten sie kupfergedeckte Helme.

Unten links: Stadtbaudirektor Hans Erlwein (1872–1914) legte bei den Umbauarbeiten von 1910 die neue Krypta der Sophienkirche für die Fürstensarkophage an.

Der mondäne Weiße Hirsch um Lahmanns Sanatorium

Nicht nur Patienten der hier existierenden Sanatorien schätzen einen Rundgang durch den zu Dresdens nobelsten Gegenden zählenden Villenort. Seinen Namen hat der „Weiße Hirsch", der 1921 zur Landeshauptstadt kommt und seit 1931 amtlich Bad Weißer Hirsch heißt, nach einem Gasthaus. Berühmt macht den Stadtteil an der Dresdner Heide ein Arzt: Dr. med. Heinrich Lahmann (1860–1905). Im Jahre 1888 eröffnet er hier sein Naturheil-Sanatorium, das bald eines der modernsten in Europa ist und in dem bis 1945 etwa 160 000 Patienten behandelt werden. Der halbe „Hirsch" lebt vom Sanatorium, in dem rund 300 Personen als Empfangs- und Gesellschaftsfräulein, Turnlehrer, Badepersonal, Zimmermädchen, Nähfräulein, Portier, Gärtner, Koch oder Küchenhilfe beschäftigt sind. Auch die Geschäftsleute am Ort – vom Bäcker bis zum Automobilbesitzer – profitieren von Lahmann. Der Uhrmacher Bernhard Lommatzsch, später sein Sohn, kontrollieren die Uhren. Die Restaurants „Luisenhof" und „Weißer Adler", die Friseure, Schuhmacher, die Buchhändler Hille und Otto, der Drogist Much, Zigarettengeschäfte und Reichspost – alle verdienen an den Kurgästen. Seit den 1930er Jahren kuren auch Deutschlands Größen hier: Reichspropagandaminister Dr. phil. Joseph Goebbels (1897–1945) mit Frau Magda (1901–1945), NS-Reichsmarschall Hermann Göring (1893–1946) und seine zweite Frau Emmy (1893–1973), Flugzeugbauer Prof. Hugo Junkers (1859–1935) aus Dessau. Dem guten Ruf folgen selbst manche im Film erfolgreiche Damen und Herren, Komponisten und Regisseure: Paul Lincke (1866–1946), Victor Hollaender (1866–1940), Jean Gilbert (1879–1942), Gustaf Gründgens (1899–1963), Claire Waldoff (1884–1957) ...

1897 gründet der in Brasilien als Kind deutscher Eltern geborene Dr. med. Heinrich Teuscher (1862–1946) ein zweites Sanatorium. Der wirtschaftliche Aufschwung des Weißen Hirsches geht einher mit dem Bau von Fremdenheimen, Hotels, Restaurants und Konditoreien. Im Fremdenheim „Felsenburg" logiert z. B. Maler Oskar Kokoschka (1886–1980). Das chinesische Teehaus der Internationalen Hygieneausstellung findet 1912 als Lesehalle für Kurgäste im Rathausgarten einen Platz. Die Familie Bettenhausen errichtet 1911/12 das „Parkhotel", am Heiderand legt man einen großen Golfplatz an.

Wer gut zu Fuß ist, durchstreift die rund 50 Quadratkilometer große Dresdner Heide mit ihren ausgedehnten Nadelholzrevieren, den zahlreichen Quellen und Teichen. Dabei ist die Besteigung des 211 Meter hohen Wolfshügels ein besonderes Vergnügen. Auf der Bergkuppe zwischen Bautzner Straße und Fischhausstraße erwartet Spaziergänger seit 1912 der zehn Meter hohe Aussichtsturm von Hans Erlwein (1872–1914) mit ausgezeichnetem Fernblick über Dresden bis ins Osterzgebirge.

Die Bautzner Landstraße führt durch das Zentrum des rechtselbischen Villenvorortes Weißer Hirsch, der seit 1931 amtlich Bad Weißer Hirsch heißt. 1664 baute der kurfürstliche Kapellmeister Christoph Bernhardi an der Handelsstraße Nürnberg–Polen vor den Toren Dresdens das Gasthaus „Zum Weißen Hirsch". Nach diesem hat man 1688 den Stadtteil benannt. 1867 entstand hier das erste Bad für kränkelnde Großstadtmenschen. 1875 sorgte der durch seine „Palmöl-Borax-Seife" wohlhabend gewordene Fabrikant Ludwig Küntzelmann (1826–1881) dafür, dass der 210,8 bis 338 Meter über dem Meeresspiegel gelegene Weiße Hirsch in die Statistik sächsischer Bäder aufgenommen wurde. Am Rande der Dresdner Heide gelegen, bietet er mit seiner ozonreichen Waldluft und der warmen, windstillen Lage günstige Heilfaktoren. Den Grundstein zum Reichtum des Dresdner „Goldstaubviertels" Weißer Hirsch legt jedoch der 28-jährige Arzt Dr. med. Heinrich Lahmann (1860–1905), der hier 1888 sein Naturheil-Sanatorium eröffnet.

Rechts: Blick auf das Lahmann-Sanatorium, das von Jahr zu Jahr erweitert wird. Im Todesjahr des Gründers bringt man die vielen Patienten aus der ganzen Welt schon in neun Villen außerhalb unter. Die Anstalt zählt zu den modernsten Einrichtungen ihrer Art, die ein breites, ständig erweitertes Spektrum natürlicher Heilverfahren anwendet.

Unten links: Speisesaal des Lahmann-Sanatoriums, das zur eigenen Erzeugung von hochwertigem Fleisch, Gemüse, Eiern, Milch und Obst für die Diätküche das eigene Gut Friedrichstal (134 Hektar) bei Radeberg besitzt.

Unten rechts: Die Kurpatienten Magda Goebbels (1901–1945, links), Paul Lincke (1866–1946) und die spätere Königin Friederike von Griechenland (1917–1981) mit Lahmann-Personal.

Links: Luftbild vom Weißen Hirsch mit dem berühmten Lahmann-Sanatorium. Allein 1905 melden sich 3976 Patienten an. Die Gästeschar wächst kontinuierlich und erreicht im Jahre 1913 mit 7416 Patienten die höchste Belegung. Seit dem Ende des Ersten Weltkrieges hat sie sich bei rund 3000 Patienten jährlich eingependelt, für die 256 Betten in noblen Quartieren zur Verfügung stehen. Dabei ist die Kur bei Lahmann durchaus kein preiswertes Vergnügen. Der Wochenpreis liegt bei 77 Mark pro Person zuzüglich eines Zimmerpreises (je nach Komfort 14 bis 56 Mark pro Woche). Dazu kommen Zuschläge für Diabetiker (wöchentlich 28 Mark), für Extras für Badezusätze, Decken, Inhalation, außerdem sieben Mark Kurtaxe.

Rechts: Das Parkhotel Bad Weißer Hirsch Mitte der 1930er Jahre. 1914 ließ der Dresdner Geschäftsmann und Begründer des modernen Bahnhofbuchhandels Jacques Bettenhausen (1866–1944) neben dem Lahmann-Sanatorium das neue Parkhotel mit Hotelzimmern, Dachgarten und Ballsaal nach den Plänen des Architekten Johannes Kraaz erbauen.
Aufwändig inszenierte Bälle, berauschende Feste und der Tanz im Freien unter uralten Linden im Garten als Höhepunkt warmer Sommermonate locken unzählige Sanatoriums-Gäste und Besucher in das Parkhotel. Internationale Prominenz wird vom Personal in Gold-Livree herzlich willkommen geheißen.

Winterstimmung um den zehn Meter hohen Turm auf dem Wolfshügel, den Hans Erlwein (1872–1914) im Jahre 1912 errichten ließ. Der 211 Meter über dem Meeresspiegel gelegene Wolfshügel zwischen Bautzner Straße und Fischhaus hat seinen Namen von einem alten Wolfsgehege aus dem 16. Jahrhundert, von denen es hier in der Dresdner Heide einst mehrere gab. In ihnen wurden Wölfe für fürstliche Jagdzwecke gehalten. Die Dresdner Heide – Dresdens „grüne Lunge" – umfasst ein rund 50 Quadratkilometer großes Waldgebiet (längste OW-Ausdehnung 16 Kilometer, NS-Ausdehnung 7 Kilometer). Vor allem Nadelgehölze wie Kiefer und Fichte dominieren gegenüber Laubgehölzen wie Rotbuche und Stieleiche. Höchste Erhebung ist der 280,5 Meter hohe Dachsenberg. Es existieren zahlreiche Quellen (Schwestern- und Degelequelle im Stechgrund, Melzerquelle im Prießnitzgrund), einige Teiche und Bäche wie die 24 Kilometer lange Prießnitz. Die rechtwinklig zueinander angeordneten Flügel und Schneisen gehen auf den Forstmann Heinrich Cotta (1763–1844) zurück, der bis 1833 dieses Wegesystem schuf. Gehörten in vorgeschichtlicher Zeit Auerochse, Wisent, Elch und Wildpferd zur Fauna (letzter Bär 1612 gejagt), zählt man heute noch 15 Säugetier-, 56 Vogel-, sechs Kriechtier- und fünf Lurcharten.

Das Künstler-Dorado Loschwitz mit seinen Seilbahnen

Malerisch erstreckt sich der 1921 zu Dresden eingemeindete Villenvorort, voll von Naturschönheiten und Refugien berühmter Persönlichkeiten, entlang des Elbhanges. Als Gast im Landhaus des Vaters von Theodor Körner (1791–1813) weilte Friedrich von Schiller (1759–1805) mehrfach in Loschwitz. Im Weinberghaus der Familie des Dichters der Befreiungskriege („Lützows wilde verwegene Jagd“) arbeitete er z. B. an seinem „Don Carlos“ und am „Geisterseher“. In Loschwitz wohnten bzw. wohnen Goldschmied Johann Melchior Dinglinger (1664–1731), der renommierte Glaskunst-Professor Josef Goller (1868–1947), die Maler Hermann Glöckner (1889–1987) und Sascha Schneider (1870–1927), der Sänger Tino Pattiera (1890–1966), die Schauspielerin Pauline Ulrich (1835–1916), Komponist Richard Wagner (1813–1883) oder der Musikschriftsteller und Vater der Pianistin Clara Schumann (1819–1896), Friedrich Wieck (1785–1873). Der Maler des deutschen Waldes Eduard Leonhardi (1828–1905) lässt sich 1880 an der Grundstraße im Loschwitzgrund die alte Mühle zum Atelier und Wohnhaus „Rote Amsel“ umbauen.

Sehenswert sind die in den Jahren 1850 bis 1861 errichteten drei Loschwitzer Elbschlösser mit ihren ausgedehnten Parkanlagen. Seit 1893 ist die König-Albert-Brücke zwischen Loschwitz und Blasewitz, die der Dresdner nur „Blaues Wunder“ nennt, für den Verkehr freigegeben. Die steife Hängebrücke aus 3800 Tonnen basischem Siemens-Martin-Stahl, der mit 97 Tonnen Nietmaterial verbunden ist, verdankt ihren Zweitnamen dem hellblauen Farbton. Zwei weitere technische Wunderwerke kann der Besucher hier bestaunen. Die älteste Bergschwebebahn der Welt und eine imposante eingleisige Bergbahn. Als erste Seilbahn Europas für den Personentransport wurde die Schwebeseilbahn 1898/1901 durch die Conti Gesellschaft Nürnberg und die Elektra AG Dresden errichtet. Sie verbindet den 84 Meter höher gelegenen Ortsteil Oberloschwitz mit dem Körnerplatz (274 Meter Streckenlänge). Die beiden Wagen nutzen das Prinzip des Einschienbahnsystems, hängen an Schienen (gestützt durch ein Gerüst aus 33 Tragjochen) und werden durch das 38 Millimeter starke Seil mit geringer Kraftaufwendung bewegt. Denn der talwärts fahrende Wagen hilft den bergauf fahrenden zu ziehen. Das gleiche Prinzip, nur mit auf zwei Schienen stehenden Wagen, nutzt die 1894/1895 von der Eisenbahn-Bau- und Betriebsgesellschaft Berlin errichtete Standseilbahn. Diese überwindet eine Streckenlänge von 563 Meter, führt vom Körnerplatz zum 95 Meter höher gelegenen Weißen Hirsch. Durch zwei Tunnel und über ein Viadukt führend, nimmt das von den Einheimischen Drahtseilbahn genannte Beförderungsmittel seit 1900 ausschließlich Personen und keine Pferdefuhrwerke mehr mit.

Loschwitz – von der Elbe aus gesehen. 1315 als slawische Gründung Loscuicz erstmals erwähnt und 1921 von der Landeshauptstadt eingemeindet ist es ein Paradies. Die Mehrzahl der Loschwitzer waren einst Häusler, deren Anwesen in den Weinbergen lagen. Ende des 19. Jahrhunderts entwickelte sich der Fremdenverkehr, wurde aus dem Dorf ein bevorzugter Ort für Privatiers und Rentiers und Dresdens Künstlereldorado. Unser Blickwinkel reicht vom Hotel „Burgberg" mit seinen Restaurants, Terrassen und Tanzsaal über die prächtigen Villen am Elbhang, den Luisenhof, die Schule und die Schwebeseilbahn bis zur malerischen Kirche. Jahrhundertelang zum Pfarrbezirk der Frauenkirche gehörend, bekam Loschwitz als neu gegründete Kirchgemeinde am 25. September 1704 einen eigenen Pfarrer. Die Bewohner von Loschwitz und Wachwitz hatten 1703 ihren Landesherren Friedrich August I. (1670–1733) gebeten, den Bau der Kirche zu genehmigen. Am 29. Juni 1705 erfolgte im Weinberg die Grundsteinlegung. Bis zur Weihe am 3. August 1708 errichtete Johann Christian Fehre d. Ä. († 1720) unter Mitwirkung von George Bähr (1666–1738) den achteckigen barocken Zentralbau mit ziegelgedecktem Mansardendach und schieferverkleidetem Dachreiter (42 Meter Höhe).

Der Loschwitzgrund mit dem Standseilbahn-Viadukt über der Grundstraße und der noch offenen Trille. Dieser Bach trieb einst sieben Mühlen an, aus denen u. a. die Tinten-Fabrik von Leonhardi und die „Rote Amsel" hervorgingen. Das Fachwerkanwesen mit romantischem Zauber an der Grundstraße 26 wird wegen einer rot bemalten Laterne vor dem hölzernen Schutzheiligen von den Bürgern liebevoll „Rote Amsel" genannt. Ihr Schöpfer war der Kunstmaler Eduard Leonhardi (1828–1905). Die Standseilbahn mit 563 Meter Streckenlänge, von den Dresdnern nur als Drahtseilbahn bezeichnet, hat man am 26. Oktober 1895 in Betrieb genommen. Bis 1900 auch dem Güterverkehr dienend, befördert sie seitdem ausschließlich Personen. Sie führt durch zwei Tunnel und über das Viadukt am Hang des Loschwitzgrundes zum Weißen Hirsch.

Oben: Wo Schiller die Muse küsste, haben die Loschwitzer ein kleines Gedenkzimmer für das deutsche Genie liebevoll eingerichtet.

Rechts: Schillers Weinberghäuschen mit Gedenktafel an der Schillerstraße. 1785 hatte der Rat am Dresdner Oberappellationsgericht Christian Gottfried Körner (1756–1831) ein Weinberggrundstück in Loschwitz gekauft. Es erstreckte sich von der Elbe (Körnerweg 6) bis zum Stadtweg (Schillerstraße 19). Körner war ein großer Liebhaber von Friedrich Schillers (1759–1805) „Räubern", lud den Dichter 1785 in sein Dresdner Haus ein. Zwei Sommer verbrachte der Schriftsteller-König bei ihm in Loschwitz, arbeitete in der abgeschiedenen Romantik des Weinbergs vor allem an seinem „Don Carlos". Hier hatte er kleine amouröse Abenteuer, bereitete die Herausgabe der Zeitschrift „Thalia" vor, schrieb an den Erzählungen „Der Verbrecher aus verlorener Ehre" und „Der Geisterseher". Auch im Frühjahr 1792 und im Sommer 1801 war Schiller Gast bei Körner in Loschwitz.

Als traditionelles Ausflugsziel sind die östlich des Zentrums von Dresden gelegenen Villenviertel und Weinberge von Loschwitz für Elbflorenz-Besucher ein touristisches Muss. Wer hier weilt, stößt unweigerlich auf die nahe beieinander liegenden Talstationen der Seilbahnen am Körnerplatz und an der Pillnitzer Landstraße. Seit 1901 befördert die Schwebeseilbahn Fahrgäste in den 84 Meter höher gelegenen Ortsteil Oberloschwitz. Als erste Seilbahn Europas für den Personentransport wurde sie 1898/1901 errichtet und am 6. Mai 1901 unter Anwesenheit Seiner Königlichen Hoheit des Kronprinzen Friedrich August (1865–1932), dem späteren letzten Sachsen-König Friedrich August III., feierlich eröffnet.
Auf 274 Meter Streckenlänge nutzen beide Wagen der Schwebeseilbahn das von Carl Eugen Langen entwickelte Prinzip des Einschienbahnsystems. Sie hängen an Schienen, die durch ein Gerüst aus 33 Tragjochen gestützt werden. Ein 38 Millimeter starkes Seil mit 16-facher Sicherheit bewegt sie mit geringer Kraftaufwendung. Der talwärts fahrende Wagen zieht dabei jenen, der sich gerade auf Bergtour befindet.
Wohlweislich hat man auf der Höhe neben der Bahn das Ausflugsrestaurant „Loschwitzhöhe“ gebaut. Es half nicht nur den Ansturm der ersten Monate auf die Sensation abzufangen, sondern zieht mit seiner Panoramasicht über das Elbtal bis heute Einheimische und Touristen in seinen Bann.

Kinos, Sarrasani, Vogelwiese und Zoo – da geht man hin

An Vergnügungsstätten hat Elbflorenz keinen Mangel. Der Einheimische und Tourist kann sich köstlich amüsieren, unterhalten, bilden. Besonders Filmfreunde kommen auf ihre Kosten. In Dresden gibt es die schönsten Kinos im Reich, versinkt der Zuschauer in den Plüschsesseln von 39 Lichtspiel-Theatern. Im direkten Stadtzentrum zwischen Prager und Waisenhausstraße sowie See- und Wilsdruffer Straße können zwölf Kinos besucht werden. Darunter die sieben Erstaufführungstheater mit allein 11 000 Sitzplätzen. Das erste Superkino baut Architekt Martin Pietzsch (1866–1961) im Jahre 1911 mit dem „U.T." (Uniontheater) in der Waisenhausstraße 22. Im Tiefgeschoss befindet sich das berühmte „Regina-Palast-Varieté", wo die Gäste mittels Tischtelefon Kontakte knüpfen. Mit 1611 Plätzen und eingebauter Konzertorgel gilt das 1925 erbaute „Capitol" Prager Straße 33 als größtes Kinotheater. In der Prager Straße 6 entsteht mit dem „Universum" noch 1933 ein weiterer Gigant. An Nachspielkinos sind die „Gloria-Palast-Lichtspiele" an der Schandauer Straße, die „Schauburg" an der Königsbrücker Straße, der „Faunpalast" an der Leipziger Straße, die „Musenhalle" in Löbtau", das „Li-Mu" an der Kesselsdorfer Straße oder das „Fü-Li-Theater" am Fürstenplatz beliebt. 40 Uraufführungen erlebt Dresden vom Beginn der Tonfilm-Ära bis 1945. Die erste findet am 25. Dezember 1930 mit „Stürme über dem Montblanc" statt.

Ein Zirkusname hat einen magischen Klang – Sarrasani! Von Dresden aus schreibt dieses Unternehmen Zirkusgeschichte. Gründer Hans Stosch (1873–1934), der als Dressur-Clown „Sarrasani" beginnt, lässt 1911/12 in der Neustadt nahe der Elbe das feste Stammhaus errichten. Der am 22. Dezember 1912 als „Circus-Theater der 5000" eingeweihte Bau (29 Meter hoch, 3860 Plätze, vier Treppenhäuser, drei Restaurants, absenkbares Wasserbassin) ist der modernste Zirkus Europas. Reist man in den Sommermonaten, wird der Bau für Sportveranstaltungen, Varieté-Shows und Großkundgebungen verpachtet. Jedes Dresdner Kind muss einmal hier gewesen sein. Wie auch auf der Dresdner Vogelwiese – dem beliebten Volksfest mit jahrhundertealter Tradition. Seit 1874 findet es auf den Johannstädter Elbwiesen statt. Dort steht auch die 42 Meter hohe Stange mit dem vier Meter breiten und 4,5 Meter hohen Vogel. 1932 umfasst die 110 000 Quadratmeter große Festwiese mit sieben Quer- und Längsstraßen 77 Schankstätten, 277 größere und 300 kleinere Verkaufsstände sowie 125 Fahrgeschäfte.

Mit Kind und Kegel geht's am Wochenende in den 1861 eröffneten Dresdner Zoo am Großen Garten. 1934 zählt man rund 5000 Tiere in fast 500 Arten. Zu den Attraktionen zählen das Raubtierhaus, der Flugkäfig für Greifvögel, der Pavianfelsen, das Affenparadies und das Giraffenhaus. Bären, Elefanten, Löwen und Tiger – alles kann man hier bestaunen.

Links: In Dresden hat der berühmte Heinz Rühmann (1902–1994), dessen Frau Patientin in Lahmanns Sanatorium ist, seine treuesten Fans. Der Film „Dreizehn Stühle" erlebt am 16. Juni 1938 mit Rühmann in der Hauptrolle in der sächsischen Landeshauptstadt eine überaus glanzvolle Premiere. Rühmann spielt den Provinzfriseur Felix Rabe, zusammen mit UFA-Stars wie Hans Moser (1880–1964, als Trödler Alois Hofbauer) und Hedwig Bleibtreu (1868–1958, als Oberschwester im Waisenhaus). Rabe steht vor dem Bankrott. Aber der Gerichtsvollzieher kommt nicht zum Pfänden, sondern bringt einen Erbschein. Jedoch hat ihm seine schrullige Tante statt eines Vermögens nur einige alte Stühle und ein Ölgemälde vermacht. Mittellos versetzt er die Stühle und bemerkt zu spät, dass in einem Sessel ein Vermögen eingenäht ist. Mit Trödler Hofbauer, der die Stühle längst weiterverkauft hat, macht sich Rabe auf die Suche nach dem Geldschatz. Einen Sessel nach dem anderen schlitzen sie auf. Der letzte Stuhl gelangt an ein Waisenhaus und so werden Friseur und Trödler ungewollt zu Wohltätern.

Rechts: Hans Albers (1891–1960) und Ilse Werner (1921–2005) in „Große Freiheit Nr. 7". Der Film, der im Kriegswinter 1944 eigentlich für Ablenkung von den Bombennächten sorgen soll, entpuppt sich als melancholischer, wenig linientreuer Streifen und wird deshalb in Dresden nicht aufgeführt. Renner beim Publikum in Elbflorenz sind z. B. Willi Forsts (1903–1980) „Wiener Blut" mit Maria Holst (1917–1980), Willy Fritsch (1901–1973) und Theo Lingen (1903–1978). Genauso die Tobisfilm-Operette „Immer nur Du!" mit Johannes Heesters (geb. 1903), „Casanova heiratet" oder „Die Geierwally". Köstlich amüsiert man sich auch in „Der dunkle Punkt" über die tragikomischen Abenteuer des moralbeflissenen Hauspaschas Winkelmann, den Ludwig Schmitz (1884–1954) spielt.

Kinoplakat zum UFA-Jubiläumsfilm „Münchhausen". Der läuft 1943 zehn Wochen nonstop im 1925 erbauten Dresdner Capitol Prager Straße 33. Das größte Dresdner Kinotheater hat 1611 Plätze und eine eingebaute Konzertorgel. Bis in die letzten Kriegsjahre geben sich die UFA-Stars in Dresden die Klinke in die Hand. Zu dem von Veit Harlan (1899–1964) inszenierten Film „Der große König" im U.T. kommen Hauptdarstellerin Kristina Söderbaum (1912–2001) und Otto Gebühr (1877–1954) als Alter Fritz zur Premiere. Der letzte große Kassenschlager ist um den Jahreswechsel 1944/45 „Die Frau meiner Träume" mit Marika Rökk (1913–2004) im Prinzess-Theater. Mit fortschreitendem Krieg wird die Kino-Reklame in den Zeitungen immer weniger. Am 4. Februar 1945 schließen nach der Nachmittagsvorstellung alle Dresdner Lichtspielhäuser.

Oben: Die Fassade des 1911 von Architekt Martin Pietzsch (1866–1961) erbauten U.T. (Uniontheater). Dresdens erstes Superkino steht in der Waisenhausstraße 22.

Links: Zuschauerraum des U.T. Als Direktor Max Plötner im Jahr 1930 das Kino übernimmt, hat es 1110 Sitzplätze. Es gibt sogar Rang- und Seitenlogen. Im Tiefgeschoss befindet sich das berühmte Regina-Palast-Varieté, wo die Gäste mittels Tischtelefon Kontakte knüpfen können. In unmittelbarer Nachbarschaft des U.T. entsteht 1924 eine noble Spielstätte mit zwei Rängen und insgesamt 1022 Plätzen – der UFA-Palast „Viktoria-Theater" Waisenhausstraße 26. An gleicher Stelle fanden 1904 im ehemaligen Varieté Viktoriasalon die ersten Filmvorführungen der Stummfilmzeit statt.

Dresdens Zirkuslegende Sarrasani – wie man sie kennt und verehrt. Direktor Hans Stosch Sarrasani jun. (1897–1941) liebt die gigantischen Schaubilder mit großen Gruppen von Tieren und Menschen, darunter auch Sioux-Indianer. Die Programme übertreffen sich an Originalität: „Schlagerprogramm", „Sensationsprogramm", „Sarrasani übertrifft sich selbst", „Programm der 18 Weltsensationen", „25 Jahre Dresdner Sarrasani-Palast". Auch Erzcowboy Billy Jenkins (1885–1954) tritt bei Sarrasani auf. Scarletts Schimpansen, Little Freds Fußballhunde, die Clowns vier Gerards, die Hay-Jung-Chinesen, Trubka – der „Weltmeister der Tierlehrer", die Schulreiterinnen Sonja Holzmüller und Alice Corini, die fünf Cimses mit ihrem „Motorradrennen in der Luft", die zehn Flying Leotaris, die Sobolewski-Reitertruppe, die Gladiatoren sieben Menorkas, das Clowntrio Cavallini, Dominik Zaiczeks Eisbären, Frohns Seelöwen, die sensationellen Turmseilläufer vier Wallendas, die drei Musikalclowns Truzzi, Marion Spadoni mit ihrer Tanz- und Zauberschau, Capitän Novaddi – „die lebende Panzerplatte", Rastelli – der berühmteste Dompteur der Welt, Charly Rivels, der lange Emil – alle kann man bei Sarrasani sehen. Ein ganz besonderes Erlebnis ist Alois Kassner (1887–1978) – Deutschlands führender Illusionist. Seine große Sensation heißt „Das Verschwinden des Elefanten". Zum Abschluss der Zauberdarbietung verwandelt Kassner die Bühne von Sarrasani in einen Blumengarten.

Sarrasani-Stammhaus am Carolaplatz in der Dresdner Neustadt. Das vom einstigen Dressurclown Hans Stosch (1873–1934) im Jahre 1901 in Radebeul gegründete Unternehmen ist von einem ganz besonderen Zauber umgeben. Sarrasanis 1912 eingeweihtes Winterquartier mit der 29 Meter hohen Kuppel gilt als der modernste Zirkusbau Europas. Die 3860 Zuschauer strömen durch vier Treppenhäuser ins Innere. Es gibt drei Restaurants, ein Kabarett und die Manege, die mit 17 Meter Durchmesser tollste technische Raffinessen enthält. So kann sie zum Beispiel komplett mit Wasser gefüllt und im Boden versenkt werden. Turbulent geht es vor allem beim monatlichen Programmwechsel zu, wenn die Artisten ihre Kisten und Koffer packen, Groß-Illusionen, Kostüme, Löwen oder Affen zum Abtransport verstauen. Geht Sarrasani während der Sommermonate in Europa oder Südamerika auf Tournee, wird der Rundbau für Sportveranstaltungen, Varieté-Shows und Großkundgebungen verpachtet. Sarrasani ist ein Unternehmen der Superlative, beschäftigt schon 1928 rund 800 Personen. 250 Pferde, 100 Raubtiere und 27 Elefanten gehören zum Tierbestand.

Blick auf das Festgelände der Dresdner Vogelwiese auf den Johannstädter Elbwiesen. Das beliebte Dresdner Volksfest mit jahrhundertealter Tradition entwickelte sich aus dem 1440 erstmals erwähnten Armbrustschießen der Bogenschützengesellschaft. Die 110 000 Quadratmeter große Budenstadt der Dresdner Vogelwiese mit ihren sieben Quer- und Längsstraßen an der Elbe hat für Alt und Jung einen ganz magischen Reiz. Hier steht die 42 Meter hohe Stange mit dem vier Meter breiten und viereinhalb Meter hohen Vogel. Bis zu 77 Schankstätten, 277 größere und 300 kleinere Verkaufsstände sowie 125 Fahrgeschäfte finden auf dem Festgelände Platz. Bekannte Schausteller aus Sachsen bauen rund 40 verschiedene Karussells auf. Es gibt Automobil- und Aeroplan-, Berg-, Tal- und Tunnelbahn, Radfahrerkarussell, Freischwinger, die Spiralrutschbahn mit Hexenkessel, Teufelsräder, Luftschaukeln, Hugo Haases Achterbahn und Schleifenbahn, das Hippodrom. Der Tierpark Hagenbeck schickt Zwergpferdchen und Riesenkrokodile. Nie fehlen Flohzirkus und Schlangenbeschwörer. Ein Hypnose-Theater magischer Künste reist mit seinen indisch-orientalischen Sittenspielen an, Kuriositätenschauen wie der „Vogelmensch Fred Morgan", der „Original Moto-Pheno-Mensch", „Lionella, das Löwenweib", „Hepolita, das Meerweib" oder ein Liliputaner-Varieté sind zu bestaunen. Natürlich warten auch Wahrsager, Schnellfotografen, Lassowerfer, Drehorgelmänner oder Kunstglasbläser auf Kundschaft.

„Bitte recht freundlich" heißt es, wenn der Zoo-Fotograf agiert. Besucher können sich im Dresdner Zoo mit den kleinen Junglöwen im Arm fotografieren lassen. Werden sie nicht gerade für Fotos gebraucht, zausen die drolligen Kleinen an Löwenpapas Mähne, beißen in seine Schwanzquaste und klettern auf seinem Rücken herum. Lange kann man bei Mausi, der Löwin, und Pascha, dem Löwenvater, verweilen. Beide zeugten viele Nachkommen. Tierlehrer Ils führt zu bestimmten Zeiten auch Dressurstückchen mit Löwen und Affen vor. Viele Dresdner verbinden ihre schönsten Kindheitserlebnisse mit einem Besuch im Zoo am Südrand des Großen Gartens. An den Gitterstäben der Käfige, an den Aquarien und Terrarien drücken sie sich die Nasen platt. Viele gehen mindestens drei Mal jährlich hin. Schließlich ist der 1861 gegründete Tiergarten der viertälteste Deutschlands.

Afrikanischer und indischer Elefant mit Tierpfleger um 1932. Vom Haupteingang, vor dem die Straßenbahnlinien 9 und 13 halten, läuft man am Konzertgarten mit dem Konzerthaus vorbei und kommt direkt zum Elefantenhaus. Stundenlang schauen viele den berühmten Elefanten zu. Sie führen Kunststücke vor, laufen auf Flaschen, drehen den Leierkasten und üben Parademarsch. Auch Jumbo, der gewaltige ostafrikanische Elefantenbulle, macht alles gelehrig mit. Allerdings übertreffen ihn Birma, die indische Elefantenkuh, und Nanga, das reizende Elefantenmädchen aus Indien, noch an Kunstfertigkeit.

Links: Die Fütterung der Seelöwen auf dem Robbenteich. Der romantische Teich ist eine Attraktion. Genauso wie das Nashorngehege mit seinem Freibad und das Raubtierhaus, das ein Laufgehege und eine Aussichtsplattform besitzt. Beeindruckend sind auch das Aquarium mit Terrarium und das Menschenaffen-Domizil, das Vogelhaus, die Flugkäfige für Raubvögel, Möwen und Pelikane, das Affenhaus, der Bärenzwinger. Selbst Zebras und Giraffen, Krokodile, Tiger, Schneepfaue oder Kängurus fehlen nicht.

Rechts: 40-jähriges Dienstjubiläum von Zoo-Kontrolleur Karl Altmann. Wer hier arbeitet, hat seine Lebensstellung gefunden. Direktor Gustav Brandes (1862–1941) gestaltet den Tierpark zum modernen Zoo um. Er will die naturgemäßen Verhaltensweisen der Tiere in einer natürlich nachgestalteten Umwelt zeigen. Als die Stadt Dresden 1934 den Zoo übernimmt, zählen die Wärter rund 5000 Tiere in fast 500 Arten. Ja, der Zoo ist ein wahres „Schatzkästlein". Man muss ihn nur besuchen und bereist in der Phantasie ferne Kontinente.

Astronom, Bäcker, Buttermann und Reklameträger

Das Stadtbild des alten Dresden wird nicht nur durch seine Bauwerke bestimmt. Es sind die Menschen, die Arbeiter und Handwerker, die vielen fleißigen Dresdner, die das unverwechselbare Flair der Stadt ausmachen. Zu jeder Zeit hat es dabei auch kauzige Typen, die Dresdner Originale, gegeben. Lebensdaten und genaue Namen sind von ihnen häufig nicht bekannt. Aus dem Dresdner Volksleben des 19. Jahrhunderts kennt man den gelernten Uhrmacher Johann Karl Gottfried Rehahn. In der Schäferstraße wohnend, zieht er als fliegender Händler, Liedersänger, Traumdeuter und Wahrsager herum. Noch 1943 betreibt „Tante Klara“ am Großen Garten ihr kleines Kinder-Karussell. Auf dem Fürstenplatz leben „Spuck-Karline“ – eine verwirrte alte Frau, die Leute anspuckt – und „Lumpen-Otto“. Von dem ungepflegten Kerl sagt man, er habe ein Vermögen versoffen und schlafe nachts auf Kohlensäcken in einer Fabrik. Um 1930 machen sich auch mehrere Herren mit Fernrohren Konkurrenz. Sie zeigen am Albertplatz oder am Elbufer für einen Groschen Mond oder Venus.

Kaum ein Dresdner kommt ohne seinen Bäcker an der Ecke aus. Allein im Stadtzentrum gibt es 121 Handwerksbetriebe. Die feinsten Mokka- und Geleetorten, Marzipan-Rosen, natürlich auch alle sächsischen Spezialitäten wie zur Adventszeit den weltberühmten Dresdner Christstollen, die köstliche Eierschecke, Prasselkuchen, Schweinsohren oder Pfefferkuchen kauft man in den 22 Wiener Cafés und 36 Konditoreien. Zu diesem exquisiten Kreis gehören u. a. Café-Konditorei Berger (Seestraße 15), Café-Konditorei Kreutzkamm (Altmarkt 14), Café Central (Schössergasse 1, Schlossstraße 2, Altmarkt 2/3), Kaiser-Café (Wiener Platz), Residenzcafé (König-Johann-Straße 2), Café Maximilian (Moritzstraße 19/Ringstraße), Café Schmorl (Wilsdruffer Straße), Café Hülfert (Prager Straße), Theatercafé Wünsche (Marienstraße 5) und Café König (Waisenhausstraße 15).

Zehntausende dienstbare Geister sind tagtäglich unterwegs. Neben dem Semmeljungen, dem Brezelmann, dem Milchhändler oder der Bügelfrau auch der Buttermann oder der Eismann. Letzterer bringt mit dem Pferdefuhrwerk in Stangen gefrorenes Wasser für die Eisschränke. Hausmeister kehren fleißig die Straße. Müllkutscher steigen in die Abfallgruben, schaufeln Asche und Abfälle in Weidenkörbe. Zeitungsjungen laufen durch die Straßen. Rats-Chaisenträger schleppen Pianos oder Geldschränke durch die Stadt, Lehrlinge fahren mit Handwagen Bier, Obst und Gemüse aus. Die Schneiderin bringt das Kleid zur Anprobe in die Wohnung. Dekorationsmaler und Klempner bugsieren Material und Werkzeug per Leiterwagen zum Auftraggeber. Der Gendarm kommt hoch zu Ross. Kinder bringen ihren Vätern das Mittagessen im Henkelkrug in die Fabrik. Obwohl die Litfaßsäule längst erfunden ist, sieht man sogar noch Reklameträger durch Dresden laufen.

Oben: Am Elbufer lässt der „Sterngucker“ interessierte Dresdner und Touristen mit seinem Fernrohr für einen Groschen in den Himmel schauen. Mehrere arbeitslose Elbestädter finden so einen kleinen Verdienst. Eine richtige große Sternwarte mit 8-Meter-Drehkuppel erhält die Landeshauptstadt 1913 auf dem 40 Meter hohen Turm des Gebäudes der Bauingenieurabteilung der Technischen Hochschule. Hauptinstrument der Fachastronomen unter Professor Nikolaus Philipp Bernhard Pattenhausen (1855–1926) ist ein Refraktor (300 Millimeter Öffnung, 500 Zentimeter Brennweite).

Unten: Wilhelm Simmert (1904–1944) und Schwester Marianne fahren Butter aus. Die Familie besitzt auf der Ostbahnstraße 3 die bekannte Butterhandlung „Simmert“.

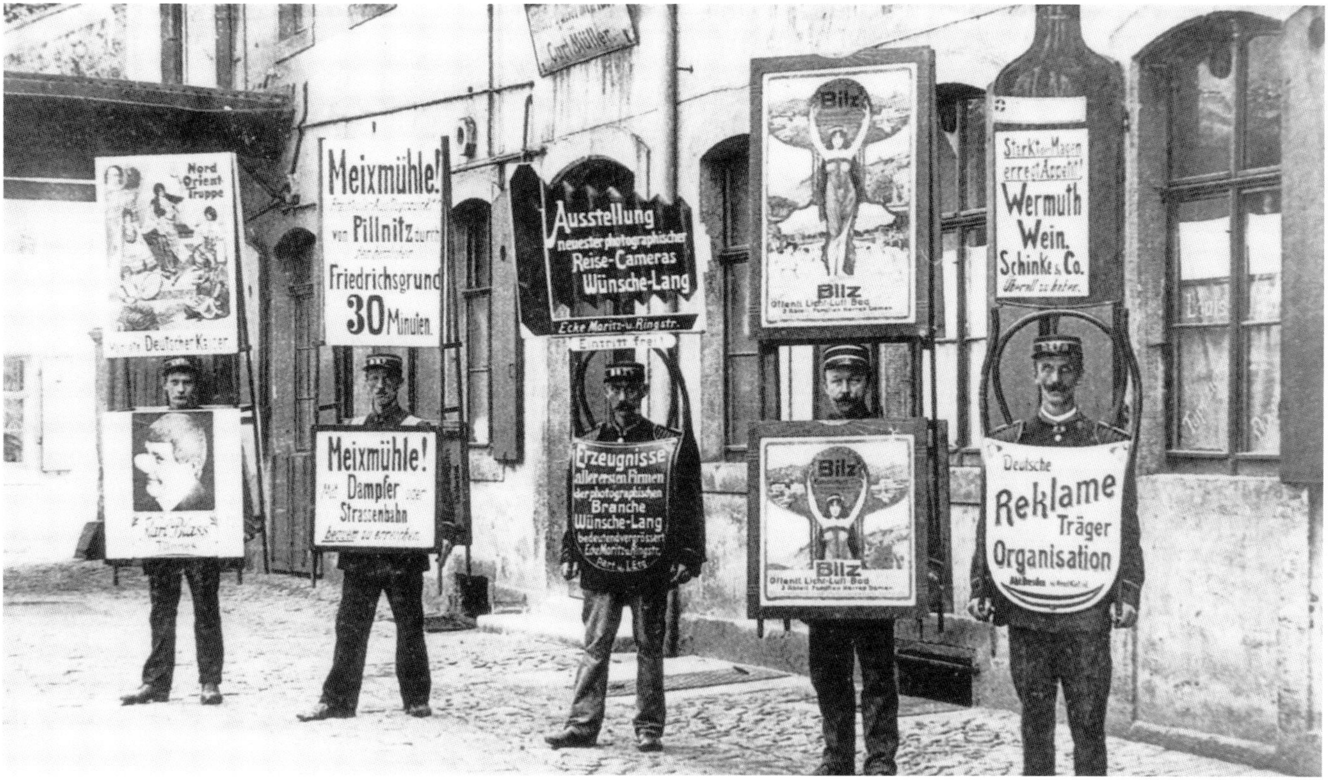

Oben: Reklameträger mit ihrer farbigen Werbung gehören zum Flair der Stadt. Sie machen Werbung für eine Varieté-Gruppe aus dem Orient, das Restaurant „Meixmühle" im Pillnitzer Friedrichsgrund, für die neuen Reise-Fotoapparate eines Händlers, für Wermut und für das berühmte Licht-Luft-Bad des Naturheilers Friedrich Eduard Bilz (1842–1922) mit 300 000 Quadratmetern Liegefläche in Oberlößnitz. Von diesem stammt auch das legendäre, 1912 errichtete, Undosa-Wellenbad.

Rechts: Bäckermeister Max Grundmann mit Meisterin (v. l.), Gesellen und Personal vor seinem ersten Dampfbackofen 1919. Neben Brot und Brötchen stellt er Rosinenwecken, Kroll-Kuchen, Zucker-Strauben oder Königs-Biskuit her. Und im Mekka der Feinbackwaren Europas hat er natürlich auch all die delikaten Kuchenschöpfungen im Angebot, die Dresden neben dem Christstollen so verführerisch machen: Dresdner Eierschecke, Blätterteig- und Plunderstücke, Rührkuchen, Küchlein und leckere Obsttorten.

Wie die einfachen Dresdner so leben

Mit einer halben Million Einwohner ist Dresden um 1900 zur viertgrößten Stadt Deutschlands aufgerückt. Und der Zuzug von Arbeitskräften aus den umliegenden Orten, aus dem Erzgebirge und der Oberlausitz in die Großstadt hält an. Mit Eingemeindungen zählt Elbflorenz 1933 fast 650 000 Bürger. Im Kaiserreich, in den „Goldenen Zwanzigern" und seit der nationalsozialistischen Machtübernahme haben sich die Lebensbedingungen schrittweise verbessert. Kellerwohnungen gibt es kaum noch, die Familien wohnen großzügiger. Der Überlebenskampf während der Inflationszeit, in der ein Brot im Herbst 1923 zwei Millionen Mark kostet, ist fast schon vergessen. Zwar werden die Obdachlosenheime und das 1928 auf der Maternistraße eröffnete Arbeitsamt nie überflüssig. Doch die Menschen haben Zuversicht, Hoffnung. Das häusliche Leben spielt sich bei vielen in der Wohnküche ab. Hier stehen die ersten Eisschränke. Gas- und Elektroöfen beginnen, den Kohleherd abzulösen. Aber man hat auch eine gute Stube, Schlafzimmer, Kinderzimmer, Kammer, Boden, Keller. Gas- und Petroleumleuchten werden durch die elektrische Glühbirne verdrängt. Stadtwohnungen bekommen Bäder mit fließendem Wasser und Kupferbadeofen. Die Trocken-Toiletten, auch Plumpsklo genannt, weichen langsam der modernen Wasserspülung. Möbel aus Hellerau, weiße Küchen von Eschebach, Radioapparate, Telefone – erst zieht bei Beamten und Angestellten, dann auch bei Arbeitern bescheidener Luxus ein. Kinderspielzeug wird noch viel selbst gebastelt. Aber Zinnsoldaten und Puppen, Kinderwagen und Kaufmannsläden, Bausteine aus Gips oder Märklin-Eisenbahnen sind groß in Mode. Die Wäsche schafft man zur Rolle, die Gardinen auf die Bleiche. Mancher kann sich sogar einen Schrebergarten leisten. Sonntags zieht sich die Familie fein an, besucht Verwandte oder flaniert durch die Stadt oder an der Elbe entlang.

Im Sommer sind die Elbwiesen bevölkert. Man kommt hier zum Picknick, bringt Kaffee und selbstgebackenen Kuchen mit, steigt mi Badeanzug oder Badehose in die Fluten. In Dresden hat das Elbebaden eine lange Tradition. Carl Gottlieb Gasse von der Fischerinnung eröffnet 1826 am Neustädter Ufer seine erste Schwimmlehranstalt. 1876 komplett neu aufgemöbelt, bietet Gasses Bade-Etablissement mit zwei Bassins in einem Floß 400 Badelustigen Platz. Später nehmen sich Politiker der Badefreuden an. Mittlerweile gibt es eine Menge Badeanstalten an beiden Ufern: z. B. das Johannes-, Amalien-, Sidonien- und Marienbad, die Anstalt an der Weißeritzmündung, die Privat-Bäder von Naumann in Blasewitz und von Höhle in Loschwitz. In der Neustadt unterhalb des Rosengartens haben Offiziere und ihre Familien mit dem „Militärbad" sogar eine eigene Einrichtung. Auch dieses Bad, das man vom Ufer per Steg erreicht, schwimmt mit seinem 25-Meter-Becken komplett auf der Elbe.

Oben: Hunderte tummeln sich im Elbebad Marienbad vor Sachsens Finanzministerium. Begeisterte Schwimmer machen in der Elbe die große Prüfung. Der Bademeister fährt dabei in einem Boot nebenher. Um 1930 existieren 13 offizielle Flussbäder. Zehn davon sind im Besitz der Stadt. Am schönsten ist es, wenn Dampfer vorbeifahren. Da gibt es große Wellen. Selbst Kantinen sind in den Elbebädern vorhanden, wo man für wenig Geld Würstchen und Kartoffelsalat, Eintopf und manchmal Braten kaufen kann.

Rechts: Ganze Familien zieht es mit Fahrrädern und Picknickkorb an die Elbauen. Hier werden die mitgebrachten Decken ausgelegt, macht man es sich bei strahlendem Sonnenschein im Gras bequem. Der schönste Platz ist am Neustädter Elbufer mit dem Panoramablick auf die unvergleichliche Silhouette aller Dresdner Pracht-Bauwerke.

Oben: Reichsbahn-Sekretär Paul Liebscher (1880–1958) mit Ehefrau Frieda (1880–1963) und Sohn Manfred (geb. 1928) beim sonntäglichen Elb-Spaziergang am Blauen Wunder in Blasewitz.

Links: Kirchenoberinspektor Hermann Weinert (1881–1954) von der Frauenkirche in seinem Schrebergarten am Neustädter Elbufer. Eine kleine Laube, Apfel-, Kirsch- und Pfirsichbäume, viele Beerensträucher, Erdbeer- und Bohnenbeete sind in fast jedem Garten zu finden. Weinert ist eine sehr bekannte und einflussreiche Person im kirchlichen Leben Dresdens. Von ihm stammt die einzige authentische Schilderung der letzten Stunden der ausgebrannten Frauenkirche bis zu ihrem Zusammenbruch am Vormittag des 15. Februar 1945.

Rechts: Arbeitslose warten im zentralen Arbeitsnachweis des Arbeitsamtes an der Maternistraße. 1923 ist in Dresden noch jeder Zweite ohne Arbeit. Die Hälfte der 525 000 Einwohner lebt von Almosen des Staates. Und das Geld verliert stündlich an Wert. Es ist Inflationszeit. Mitte der 1930er-Jahre sind es weniger Arbeitslose geworden. Viele haben jetzt wieder einen Job, lassen sich von den schnellen Erfolgen der Nazis beeindrucken.

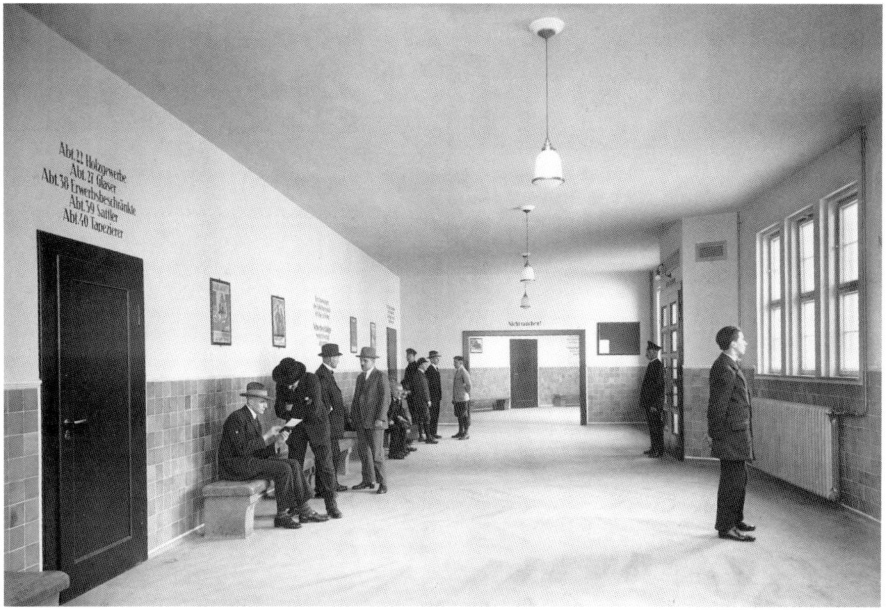

Links: Zum 67. Geburtstag bekommt Altwarenhändlerin Luise Hainke einen Eisschrank geschenkt. Die moderne Errungenschaft der Technik hält Wurst und Butter, Fisch oder Essensreste frisch. Natürlich nur, wenn regelmäßig ein neuer Eisblock hineingelegt wird. Eis-Hippe hält alle zwei Tage mit seinem Pferdefuhrwerk vor der Haustür. Mit einer Emaille-Schüssel eilt die Hausfrau hinunter, lässt sich von den großen langen Wassereisquadern ein Stück mit dem Pickel abschlagen und zerkleinert dieses in der Küche noch etwas mit dem Hammer.

Oben links: Küchen-Idylle mit Hitler-Porträt in einer Dresdner Wohnung. „Das Volk der 80 Millionen grüßt seinen großen Führer“, titeln die Dresdner Neuesten Nachrichten am 1. Oktober 1938. Die Samstagausgabe der zweitgrößten Zeitung der Stadt feiert Hitler wie einen Gott. Gerade ist die Wehrmacht in der Tschechei einmarschiert, das NS-Regime strotzt vor Kraft – und die Menschen jubeln. Schon 1932 kauften sich 107 000 Dresdner das Nazi-Blatt „Freiheitskampf“. Nur wenige verweigern sich der Propaganda. Erich Kästner (1899–1974) bekommt Schreibverbot, die Nazis vertreiben den engagierten Opern- und Generalmusikdirektor Fritz Busch (1890–1951) und Otto Dix (1891–1969) verliert seine Professur an der Kunstakademie. Juden, Sinti und Roma werden verfolgt, vertrieben, schließlich deportiert ...

Oben rechts: Bei manchen Dresdnern zieht in den 1930er Jahren ein Hauch von Luxus in die Wohnung ein. Wer es kann, leistet sich ein Schlafzimmer mit Himmelbett.

Links unten: In ärmeren Familien spielt sich das ganze Leben nur in der Wohnküche ab. Egal ob die Holzstühle wackeln und die Farbe von den Wänden blättert – Gardinen vor den Fenstern müssen sein!

Oben: Gute Stube einer Dresdner Familie zur Weihnachtszeit um 1940. Die kleine Fichte ist mit Wachskerzen und Lametta geschmückt. Dicke Teppiche dämpfen jeden Schritt. Auf dem Sofa zeugen Kissen aus Plauener Spitze und selbst gehäkelte Exemplare von Kunstsinn und handwerklicher Meisterschaft der Hausherrin. Auf dem Esstisch liegt die mit Stickerei versehene feinste Damast-Tischdecke.

Rechts: Hans (geb. 1923) und Schwester Hilda Böhme (geb. 1920) mit ihrem Kaufmannsladen. Die Geschwister wohnen in der vornehmen Johann-Georgen-Allee 25. Allerdings in der Mansardenwohnung im vierten Stock. Vater Theodor Böhme (1892–1971) hat eine Lageristen-Stelle bei der Großhandelsfirma für Fahrrad- und Autozubehörteile F. M. Bernhardt an der Großen Plauenschen Straße. Mutter Bertha, geborene Hähnel (1880–1977), ist Hausfrau. Den herrlichen Kaufmannsladen hat ihnen Onkel Fritz Dähnert, ein selbstständiger Retuscheur, gebaut und bemalt.

Quellen

Blanckmeister, Franz (Hrsg.): Das evangelische Dresden. – Sturm Dresden 1926
Dresdner Geschichtsbuch. Band 1–11. – DZA Altenburg 1995–2005
Günther, Ernst: Sarrasani wie er wirklich war. – Henschel Berlin 3. Auflage 1991
Gurlitt, Cornelius: Beschreibende Darstellung der älteren Kunstdenkmäler des Königreiches Sachsen. Stadt Dresden Teil 1–3. – C. C. Meinhold & Söhne Dresden 1900–1901
Heise, Ulla: Zu Gast im alten Dresden. – Hugendubel München 1994
Helfricht, Jürgen: Astronomiegeschichte Dresdens. – Hellerau Dresden 2001
Helfricht, Jürgen: Die Dresdner Frauenkirche. Eine Chronik von 1000 bis heute. – Husum Husum 6., aktualisierte Auflage 2006
Helfricht, Jürgen: Die Wettiner – Sachsens Könige, Herzöge, Kurfürsten und Markgrafen (Taschenlexikon). – Sachsenbuch Leipzig 3., aktualisierte Auflage 2005
Helfricht, Jürgen: Dresden und seine Kirchen. – Evangelische Verlagsanstalt Leipzig 2005
Helfricht, Jürgen: Dresdner Kreuzchor und Kreuzkirche. Eine Chronik von 1206 bis heute. – Husum Husum 2004
Helfricht, Jürgen: Kleines Dresden-ABC. – Husum Husum 2005
Helfricht, Jürgen: Lahmanns Dresdner Kochbuch & Lahmann-Biographie. – Ed. Krickau Dresden 2001
Helfricht, Jürgen: Sächsisches Spezialitäten-Backbuch. Schlemmer-Rezepte von Dr. Quendt. – Husum Husum 2. Auflage 2006
Helfricht, Jürgen: Sehnsucht nach dem alten Dresden. Zeitzeugen erinnern sich der unzerstörten Stadt. – Verlags- und Publizistikhaus Dresden 2005
Kaiß, Kurt; Hengst, Matthias: Dresdens Eisenbahn 1894–1994. – Alba Düsseldorf 1994
Klieme, Günter (Hrsg.): Dresden – Silhouetten einer Stadt. – F. A. Brockhaus Leipzig 1985
Lerm, Matthias: Abschied vom alten Dresden – Verluste historischer Bausubstanz nach 1945. – Hinstorff Rostock 2000
Löffler, Fritz: Das alte Dresden. Geschichte seiner Bauten. – E. A. Seemann Leipzig 14. Auflage 1999
Löffler, Fritz; Pritsche, Willy: Der Zwinger. – E. A. Seemann Leipzig 5. Auflage 2004
Milde, Horst: Entdeckungen und Erinnerungen zum Thema Bad Weißer Hirsch. – Dresden 1996
Müller, Frank; Quinger, Wolfgang: Die Dresdner Raddampfer-Flotte. – DSV Hamburg 1995
Münzner, Eberhard: Loschwitzer Geschichte und Geschichten. – Kulturbund Ortsverein Loschwitz 1990
Schumann, Paul: Berühmte Kunststätten – Dresden. – E. A. Seemann Leipzig 1909
Stimmel, Folke u. a.: Stadtlexikon Dresden A–Z. – Verlag der Kunst Dresden 1994
Wozel, Heidrun: Der Dresdner Striezelmarkt. – Sachsenbuch Leipzig 1992
Wozel, Heidrun: Die Dresdner Vogelwiese. – Verlag der Kunst Dresden Basel 1993

Abbildungsnachweis

Archiv/Fotos/Repros: BÄKO Ost e.G. 89; Jürgen Helfricht 10, 11, 12, 15, 24, 26, 27, 30, 31, 33, 34, 37, 40, 44, 49, 51, 52, 53, 56, 64, 65, 66, 74, 82, 84, 85, 86, 88, 89, 94 (aus den Sammlungen: Ackermann, Gerhard 78, 79, 80; Böhme, Hans 95; Elsner, Ursula 19, 92; Francois, Helga 91, 94 ; Fritzsche, Falk 10, 26, 30, 35, 45, 48, 52, 53, 56, 61, 68, 73, 75, 83; Liebscher, Manfred 81, 92; Mannhaupt, Klaus 62; Milde, Horst 14, 58, 68, 69, 70; Regensburger, Heinz-Helmut 94, 95; Rodig, Ingeborg 93; Simmert, Harry 88; Unger, Werner 18, 22, 25, 31, 43, 44, 47, 54, 62, 76; Wawrzinek, Bert 60, 61); Stadtarchiv Dresden 38; Museen der Stadt Dresden/Städtische Galerie Dresden 6; Stadt Dresden/Stadtplanungsamt 12, 16, 20, 21, 22, 24, 25, 25, 29, 41, 43, 47, 48, 57, 58, 66, 71, 91, 93

Historischer Stadtplan
von 1911